ここからはじめる

企業法務

未来をかたちにするマインドセット

登島和弘

英治出版

まえがき

一九八七年、東京のとある自動車部品メーカーに就職した私は、人生で初めて自分の名刺というものを手にしました。

——総務部 庶務課 **法務**係——

大学で学んだ法律を活かせる仕事に就こうと選んだ会社で、自分の名刺の中に「法務」という二文字を見たときの喜びを私はいまでも覚えています。これが私の企業法務人生のスタートラインでした。

その後、コンピュータ、通信機器、家電製品、ソフトウェア、製薬など、さまざまな事業分野で、真正面からそして常に最前線で企業法務の仕事に取り組んできました。総会屋相手の株主総会対策、中国での鋳物製造会社の設立、イギリス企業との新型自販機の共同開発プロジェクト、アメリカの弁護士とともに進めた企業買収案件など。本当にがむしゃらに走り続けてきました。気がつけば、もう三〇年以上の月日が流れています。

この間に、企業法務が果たすべき役割は、とても広がってきました。しかし、同じ法律に携わる仕事でありながら、企業法務の仕事は、映画やテレビドラマなどで頻繁に取り上げられる法曹三者（裁判官・検察官・弁護士）と異なり、一般的な知名度はいまだに高くありません。

「企業法務ってなに？」
「どんな仕事をしているの？」

おそらく世の大半の方々はこうした疑問をお持ちだと思います。特に、ビジネスの経験があまりない学生のみなさんにとって、企業法務の仕事はほとんど想像がつかないのではないでしょうか。

私は、そうした学生のみなさんに、とりわけ、法律を学んでいる、あるいは法律にかかわる仕事をしたいと思っている法学部生や法科大学院生の人たちに、企業法務の世界に飛び込んできてもらいたいと考えています。そのような願いを込めて、この本を書きました。

それはなぜか？

一言で言うと、この企業法務という仕事が楽しいからです。そして、法律を学んだ者が一生をかけるに値するとてもエキサイティングでやりがいのある仕事だからです。さらに言えば、優れた製品やサービスを世の中に送り出すことを法的側面から支援し、ひいては社会生活の向上に貢献することのできる、とても意義のある仕事だからです。

「こんなに素晴らしい仕事なのに、残念ながら世間の認知度はいま一つ。この現状を何とかしたい。法律を学んだ者が進む道は、決して、裁判官や検察官や弁護士だけではない。企業法務の道もあるんだぞ、ということを是非みなさんに分かってもらいたい」

その思いが私にこの本を書かせたのです。

ただ、この本は、単に企業法務の仕事を紹介するだけのものではありません。むしろ、企業法務に携わる者（以降、「企業法務パーソン」）がその責務を全うしようとするときに求められる、さまざまな「マインドセット」について説明することに重点を置いています。

マインドセットとは、基本的なものの考え方を意味しますが、この本ではそこから一歩進んで、企業法務パーソンの行動指針にもなりうるものとして記述しています。一人前の企業法務パーソンとして仕事をするためには、適切なマインドセットを持つことがとても重要なのです。法律知識を深めることや、国際契約で用いる英語力を身につけることと同等あるいはそれ以上に、適切なマインドセットを持つことの重要性が、この本を読めば分かっていただけると思います。

その意味で、本書は、これを読んだことをきっかけに企業法務に興味を持ち、その世界に進んだみなさんが、実際に実務を担当することになったときに、まさにその真価を発揮するものだと考えています。

前述のとおり、私はこの本を、法律を学んでいる、あるいは法律にかかわる仕事をしたいと思っている法学部生や法科大学院生に、是非読んでほしいと考えています。執筆にあたっては、できるだけ分かりやすくすることを心がけました。

以下、簡単に本書の構成を整理しておきます。

第1～5章……ある法務部門における上司と部下の会話を軸にしながら、企業法務の本質と求められるマインドセットについて分かりやすく解説します。第1章は導入部として、企業法務とは「ビジネスに線路を敷く仕事である」という考え方を提示します。続く第2～5章では、現場で求められるマインドセットについてより具体的に説明します。

第6章……ビジネスを捉えるときに大切な「視野を広げる三つのポイント」について解説します。これは第2～5章で説明するマインドセットを下支えしているものです。

第7章……最後に、これからの企業法務のありかたなどについての私の考えを述べています。

なお、みなさんに企業法務のダイナミズムをよりビビッドに感じてもらうために、本論の間に短いドラマ仕立てのストーリーを用意しました。そちらも楽しんでいただければと思います。

この本は、主として学生のみなさんに読んでいただくことを期待して著しましたが、すでに企業法務の仕事をされている方や、広くビジネスパーソンの方々が、ビジネスと契約や法律との関係を考えるうえで、参考にしていただける内容にもなっているのではないかと思います。

是非、楽しみながら、読み進めていただければ幸いです。

ここからはじめる企業法務

●●●●●●●

目次

第1章

企業法務の実像

第1～5章では、「竹上部品」の法務部門で働く上司「上原課長」と部下である「松井君」の日常の会話を織り交ぜながら、企業法務の本質と全体像をお伝えします。具体的な現場の姿から、企業法務のリアルを追体験していただければと思います。なお、竹上部品は架空の会社ですが、会話の内容は私が実際に体験してきた実務をもとに構成しています。

主人公は松井祐樹君、二五歳。大学卒業後三年間、従業員一二〇名ほどの電機メーカーの総務部で法務担当として仕事をしてきました。ですが、より大きな舞台で仕事をしてみたいと、このたび総合部品メーカーである竹上部品に転職してきました。

竹上部品は、国内外従業員一万五〇〇〇名、連結売上高四五〇〇億円という大きな会社です。そうした大企業の法務部門で働けることになり松井君はとても張り切っているようです。それでは彼の奮闘ぶりを見ていきましょう。

第1節

机にしがみついていては仕事にならない

松井　おはようございます。今日からお世話になります松井祐樹です。よろしくお願いします！

上原　やぁ、松井君、入社おめでとう。面接以来だね。人事部のオリエンテーションは終わったのかな？

松井　はい、ひと通り会社の成り立ちや組織、事業内容などについてレクチャーいただきました。ただ前職とは業種も異なるので、分からないこともまだまだあるかと思います。一生懸命頑張りますので、ご指導のほどよろしくお願いいたします。

上原　まぁ、そんなにかしこまらずに。松井君の場合、中途採用だから社会人としてのイロハについては大丈夫だろうし、ウチでの仕事については、

「習うより慣れろ」で、焦らずに学んでくれればいいと思うよ。

松井　はい、ありがとうございます。

上原　松井君の席はそこね。文房具は一式引き出しの中に揃えてあるし、パソコンは、あとで情報システム部の人が持ってきてくれる段取りになってるから。

それじゃ、早速だけど、この契約書のレビューをお願いできるかな？取引相手の白石金属さんは新規の原材料の調達先なんだけれど、ウチの契約書にかなり修正を入れてきていてね。内容を見て対応してほしいんだ。

松井　はい、分かりました。拝見させていただきます。

［……一時間後……］

上原　松井君、契約書のレビューの状況はどんな感じかな？

松井　はい、先方はいろんな修正を書き加えていますが、納品物に不具合が発見されたときの対応などについて、当社にとってかなり不利な形で修正がなされているので、最低限民法レベルに戻すよう再修正を行っているところです。

上原　松井君、ちょっとこれから一緒に購買本部に行こうか。

松井　えっ、はい。でも、契約書のレビューは……？

上原　そのために行くんだよ。松井君、白石金属さんから何を調達するのか分かってる？　何のために調達するのか知ってる？　契約書だけ見ていては大きなことを見落とすことになるかもしれないよ。

松井　そうなんですか。前職では、契約書をレビューするときは、関係法令と照らし合わせて不利な点がないか、といった観点からチェックをしていたのですが……

上原　そうかぁ。残念ながらそれでは不十分だ。企業法務の本質はそこではないんだ。

松井　……

みなさんは、「企業法務」という言葉にどのようなイメージを持っているでしょうか。

「なんだかよく分からないけど、お役所的なイメージ……」

「眉間にしわを寄せて、六法全書とにらめっこしてそう」

「ずっと机にしがみついて仕事してるんじゃないの？」

私も実際に企業法務の仕事をする前は、このようなイメージを持っていました。どうしても、企業法務の「法務」に引っ張られて、お堅いイメージや「待ちの仕事」という印象があるようです。

たしかに、取引相手から届いた契約書の修正内容をデスクに向かってチェックしたりするのは、外見だけを見ると、まさにお役所仕事のように見えるかもしれません。

しかし、実はそうした契約業務も机にしがみついていては仕事にならないのです。

それはいったいどういうことなのでしょうか。

第2節

企業法務とは「ビジネスに線路を敷く」仕事

上原　松井君、購買一課長の八木さんの話を聞いてどう思った？

松井　はい。今回、白石金属さんと取引を開始する理由は、当社が来年度から高強度のねじ節鉄筋を商品のラインアップに加えることになり、そのために不純物が少なくて、耐久性に優れ、かつ加工しやすい高品質な鉄源を調達するためだと分かりました。

上原　その他には？

松井　最初はどれくらいの期間、白石金属さんと取引したいのか、一回の発注量はどれくらいにしたいのか、発注の頻度はどうしたいのか、検品はどのような手順で、どういう項目を検査するのか、合格基準はどうするのかなど、購買部が望む取引の条件が把握できました。

上原　それはよかった。そうすると、これからどのように契約書をレビューすればいいのかも分かったかな？

松井　はい。八木課長からお伺いした内容に照らして、契約書の内容が妥当かどうかをチェックしたいと思います。

上原　うん、ただ、八木課長からのヒアリングだけでは実は不十分だ。いい機会だから、私が長年心に刻んでいる言葉を伝えておくよ。**契約書はビジネスに線路を敷くためにあるんだ。**

松井　線路ですか？

上原　そう、線路なんだよ。今回、当社は新しく、高強度のねじ節鉄筋をラインアップに加えることになった。その背景にはこのビジネスにかかわっている多くの社員の思いがある。営業部としてどういう業界や顧客を開拓しようとしているのか。初年度の売上げはどの程度を見込んでいるのか。技術部では白石金属さんが提供してくれる鉄材に満足しているのか。高強度のねじ節鉄筋の試作品は完成しているのか。製造部のラインの準備は整っているのか。購買部の言っている発注量は生産計画と整合しているのか……

そうしたさまざまな事柄を確認したうえで、このビジネスにかかわる人々の思いを契約書という紙の上に表現する、つまり、私たちが歩むべき「線路」を敷くんだ。そして、その内容を関係者と共有し、コンセンサスを得て、ビジネスを前に進めていくのがわれわれ企業法務パーソンの仕事なんだよ。

松井　すごいですね。私たちの仕事って、めちゃくちゃクリエイティブなんですね。

上原　そのことが分かってくれて嬉しいよ。自分がビジネスの「クリエイティブ・ディレクター」だと思って仕事に取り組むと楽しいんじゃないかな。

松井　はい。是非そうします！

上原　それじゃ、次は何をすればいい？

松井　営業部や技術部、そして製造部の方々からも本件についていろいろお話を聞いてみたいと思います。そして、みなさんの考えを整理してまとめたうえで、契約書をチェックしたいと思います。

上原　そうだね。

私たちは、大学やロースクールで法律を学んできた。だからしっかりと現場から取引の詳細についてヒアリングができれば、その取引にまつわる規制法に照らして、できることとできないことの判断ができる。また、もしある事項について契約書上合意できなかった場合において、後日その事柄について紛争が生じたときには、法的にどのように扱われるかについても予測が立つ。だから、そうした予測に基づいて契約書を起案したり審査したりすることもできる。そこに私たち企業法務パーソンの存在意義があるわけだ。もちろん、一人前の企業法務パーソンになるには相当の経験が必要だけどね。

松井　そうですね。一日も早く一人前になれるように頑張ります!

みなさん、契約書をレビューするという仕事が、決して机にしがみついているだけではできないことが理解できたでしょうか。さらに、二人の会話の中で出てきた、「企業法務の仕事がクリエイティブである」ということの意味をどのように捉えたでしょうか?大事なポイントですので、もう少し具体的に見てみましょう。

今回、竹上部品は白石金属からねじ節鉄筋用の鉄源（鋳鉄や鉄スクラップ）を調達しようとしています。たとえば、あなたが白石金属との契約担当となり、いまから次の条文を審査するところだとします。

第×条（検査）
甲（竹上部品）は、乙（白石金属）より物品の納入があった後、直ちに数量不足及び不具合の有無について検査を行うものとし、納入後七日以内に乙にその検査結果を通知するものとする。乙は、数量不足または不具合の申出のあった物品については、遅滞なく乙の費用をもって追加引渡又は代替品の引渡を行う。

そして、あなたがこの条文をレビューするのに、松井君と同様に、関係法令と照らし合わせて不利な点がないか、といった観点からのみチェックしたとするとどうなるでしょう。
それを考えるうえで、第X条に関する関係法令を簡単に説明しておきます。

（買主の追完請求権）

第五六二条　引き渡された目的物が種類、品質又は数量に関して**契約の内容に適合しないものであるとき**は、買主は、売主に対し、**目的物の修補、代替物の引渡し又は不足分の引渡し**による履行の追完を請求することができる。ただし、売主は、買主に不相当な負担を課するものでないときは、買主が請求した方法と異なる方法による履行の追完をすることができる。

2　…略…

（買主の代金減額請求権）

第五六三条　前条第一項本文に規定する場合において、買主が相当の期間を定めて履行の追完の催告をし、その期間内に履行の追完がないときは、買主は、その不適合の程度に応じて**代金の減額を請求**することができる。

2　…略…

3　…略…

（買主の損害賠償請求及び解除権の行使）

第五六四条　前二条の規定は、第四百十五条の規定による**損害賠償の請求**並びに第五百四十一条及び第五百四十二条の規定による**解除権の行使**を妨げない。

（目的物の種類又は品質に関する担保責任の期間の制限）

第五六六条　売主が種類又は品質に関して契約の内容に適合しない目的物を買主に引き渡した場合において、買主がその不適合を知った時から一年以内にその旨を売主に通知しないときは、買主は、その不適合を理由として、履行の追完の請求、代金の減額の請求、損害賠償の請求及び契約の解除をすることができない。ただし、売主が引渡しの時にその不適合を知り、又は重大な過失によって知らなかったときは、この限りでない。

商法

（買主による目的物の検査及び通知）

第五二六条　商人間の売買において、買主は、その売買の目的物を受領したときは、遅滞なく、その物を検査しなければならない。

2　前項に規定する場合において、買主は、同項の規定による検査により売買の目的物が種類、品質又は数量に関して契約の内容に適合しないことを発見したときは、直ちに売主に対してその旨の通知を発しなければ、その不適合を理由とする履行の追完の請求、代金の減額の請求、損害賠償の請求及び契約の解除をすることができない。売買の目的物が種類又は品質に関して契約の内容に適合しないことを直ちに発見することができない場合において、**買主が六箇月以内にその不適合を発見したときも、同様**とする。

3　…略…

［注］太字による強調は著者による

この場合、あなたのレビューの結果は、次のようなものになるかもしれません。

①契約書では、数量不足や不具合の申出があった物品については、遅滞なく先方の費用で**追加引渡**または**代替品の引渡**を行うことになっている。これに対して、民法では、**目的物の修補**請求もできるし、一定の要件を満たせば**代金の減額請求**も可能となっているので、そうした記述を追加しよう。

②また、民法では、**損害賠償の請求**や**解除権の行使**も妨げない、とされているので、そのことも追記しておこう。

③契約書では、**納品後七日以内に検査結果について申し出なければ対応してもらえない。**これに対して、**商法では、目的物が種類や品質に関して契約内容に適合しないことを直ちに発見できない場合に、買主が六か月以内にその不適合を発見して、直ちに売主に通知をすれば、履行の追完・代金の減額・損害賠償の請求、契約の解除ができる**と解釈されるから、これらの内容も書き加えよう。

果たしてこのような修正はすべて本当に妥当なのでしょうか？　実態に即して考えてみましょう。

a　そもそも今回、調達するものは鋳鉄や鉄のスクラップでした。その場合、納品されたものに不具合があるときの対応としては、代替物の引渡しが通常だと思われます。「目的物の修補」という選択肢はおそらく実態に照らすと不適切なのです。なぜなら、たとえば、鉄スクラップの場合、納品時の検査は、厚さや幅・高さ・長さなどの寸法や重さ、あるいは酸化の程度などを見て行われますが、そうした項目は基準を満たさないからといって、修理できるものではないからです。

b　また、代金の減額請求という選択肢の追加については、一見、よさそうに見えますが、ねじ節鉄筋の生産の原材料を調達するわけですから、数量不足や不具合があったときに、代金を減額して一件落着とは通常ならないように思われます。なぜなら生産に支障が出るおそれがあるからです。それにもかかわらず、代金減額請求の選択肢をこちらから追加提案することが果たして妥当なのかどうかは社内で検討すべきでしょう。

c　さらに、納品後六か月以内であれば不具合対応してもらえるという修正はどうでしょうか？　生産サイクルを考えた場合、そもそも、それほど長い期間、原材料をストックするものかという疑問があります。製造部に問い合わせるなどして適切な対応期間を設定すべきでしょう。相手方の案に対して、これを拒絶したり、代替案を提示したりするときには理由が必要であり、その理由はビジネスの実態に照らして合理的なものでなければなりません。

d　加えて、白石金属の契約書案にあった「不具合」という文言ですが、第X条には定義がありませんでした。したがって、契約書の他の条項に「不具合」の定義があるか確認しなければなりません。もし、契約書のどこにもその定義がなければ、第X条の規定は絵に描いた餅になってしまうおそれがあります。よって、どういう状態を「不具合」というのか、たとえば、「不具合とは、契約書に添付した仕様書の内容に合致しないことをいう」などと、きちんと定義をする必要があります。

このように、契約書の内容を実態に即して検討してみると、関係法令との比較だけでは分からなかった、多くの疑問点や問題点が浮き彫りになってきます。すなわち、契約書のレビューは、与えられた契約書案を関係法令と照らし合わせればできるようなものではなく、営業、技術、製造、購買、経理など、そのビジネスにかかわる関係者が思い描く、ビジネスの実態に基づいて行わなければなりません。企業法務パーソンの立場からいえば、われわれがそうしたすべての関係者の意思を理解し、社内合意を形成したうえで、相手方と交渉し、最終合意をまとめ上げる、という任務を背負っているともいえます。

ゆえに私は、契約業務を「クリエイティブな仕事」だと考えているのです。

そして、これをさらに分かりやすい言葉で表現すると、

「契約業務はビジネスに線路を敷く仕事である」

となります。

ビジネスの方向性とゴールを定めて、そのビジネスの詳細を一つひとつ詰めていく仕事は、

進路を決め、到着駅を定めて、一本一本レールを敷設し、つなぎあわせていく作業に例えることができるでしょう。

ビジネスの詳細を検討するとき、たとえば、あまりに厳しい作業工程では、不測の事態に対応できないので少し工期にゆとりを持たせようとか、この点はコンプライアンス上、問題になるおそれがあるから、別の方法を検討しようといったことなどが話し合われます。それは、線路の敷設作業において、「ここは予定どおり直線で敷設したいところだが、地権者の同意を得ることが難しいので、カーブに変更しよう」とか、「ここは急勾配が続くからS字カーブで敷設して勾配を緩和しよう」といった対策がなされるのと同じわけです。

そして、その全線における敷設作業が完了して初めて、その線路の上をビジネスという列車が走り出すことができるのです。

これは、何も契約業務に限りません。

「企業法務」の仕事は、通常、契約業務に代表される「予防法務」、事業に付随して発生する訴訟や紛争の対応を行う「臨床法務」、そして企業買収や合併といった「戦略法務」の三つに分類されます。どの仕事も、関係する部門の人々と話し合いながら、会社が進むべき進路を決めていくという意味では、「ビジネスに線路を敷く仕事」であることに変わりはありません。

したがって、

「企業法務とはビジネスに線路を敷く仕事である」

と私は考えています。

これから企業法務を志そうとするみなさんには、是非、この言葉を心に刻んでほしいと思います。

裁判官・検察官・弁護士の仕事と比較すると、より分かりやすいかもしれません。法曹三者の仕事は、事件や紛争の存在を前提として、これを法に基づいて解決するところにその本質があります。

これに対して、企業法務の本質は、新しい商品やサービスといったこれまでにない価値を人々に届けるために、法律の知識や考え方を活用して、何もないところから事業を前に進めるところにあります。

つまり、企業法務とは、「事業創造」のために存在するのです。

さて、私は、企業法務パーソンが、適切に「ビジネスに線路を敷く」ことができるようになるためには、次の五つの要件を満たさなければならないと考えています。

①会社を知ること。
②事業を知ること。
③会社と事業にまつわる法律を知ること。
④ビジネスに線路を敷くために必須のスキルセット（契約書を書く技術など）を身につけること。
⑤ビジネスに線路を敷くために必須の「マインドセット」を備えること。

①から④までについては、自助努力によってある程度、満たすことができます。
しかし、残念ながら⑤については、それがなかなか難しいのです。
おそらく現役の企業法務パーソンに尋ねても、そんなマインドセットなんて聞いたことがない、という人の方が多いのではないでしょうか。

しかし、三〇年以上企業法務の最前線で仕事をしてきた経験を振り返ってみると、この仕事を適切に進めるために備えるべきマインドセットは確実に存在します。実際、私がこれまで上司から受けた数多くの注意やアドバイスのほとんどはマインドセットに関することでした。

そして、それを備えているか否かによって、最終的なアウトプットに大きな差が出ます。また、備えていない場合には、最悪の場合、事業機会を失ったり、企業の存続を危うくしたりすることさえありえます。

そこで、第2章からは、このマインドセットについて具体的に述べていきたいと思います。

第2章

イシューを発見する

第1節

イシューを発見するには

松井　企業法務の本質が「ビジネスに線路を敷く」ところにあることは、先日のお話でよく理解できました。

それにしても、企業法務って、かなり仕事の幅が広いと思うんですよね。クライアントさんや仕入先さんとの取引の契約だけじゃなく、支払いが滞っているときは経理部の債権回収を手伝ったり、不祥事が起こったときは人事部と一緒に関係者にヒアリングをかけたりしながら、対応の方向性を決めたりもしますよね。

株主総会の準備では、想定問答集や議長のシナリオを作成したり、企業買収の話になるとプロジェクトチームに加わって買収戦略の立案・推進のリーダー役にもなりますし。昨日は、上原さんご自身で特許侵害の訴状のドラフト（素案）も書いていましたよね。

上原　たしかに守備範囲はとても広くて、どれもおろそかにできない重要な仕事だね。取引契約だけじゃなく、債権回収に不祥事対応、株主総会やM&A、それに訴訟対策もすべてわれわれにとってはビジネスの一部なんだ。そうしたビジネスにしっかりした線路を敷くことこそが、企業法務の最も重要な役割といっていいんじゃないかな。

松井　そのために心がけなければならない大切なことって何なのでしょうか？

上原　いろいろあるけれども、まず重要なことは、イシューを発見することだよ。

松井　イシューですか……？

第1章で、「企業法務とはビジネスに線路を敷く仕事」だと述べました。第2章からは、そのために重要なマインドセットについて、さまざまな取引のケースを例にしながら、具体的に見ていきます。

上原課長は松井君に、ビジネスに線路を敷くには、まず、「イシュー」を発見することが大切だ、と言っていました。それはどういう意味なのでしょうか。

上原課長と松井君が勤める竹上部品は、電機、自動車、建設機械など、さまざまな分野向けに、多種多様な部品や資材を製造、販売する総合部品メーカーです。

たとえば、竹上部品が新規取引先であるブライト電機との間で、同社が製造する新型のマッサージチェアに組み込む機械部品の取引を始めようとした場合、気をつけなければならないことは何でしょうか。

まず、与信（信用を供与すること）の問題があります。

通常、企業間取引では納品と支払いの間にタイムラグがあります（図1）。したがって、竹上部品がブライト電機に機械部品を売ったときに、合意された支払条件（たとえば、納品月末締め、翌月末支払い、など）に従って、必ず代金を支払ってくれると信用していい会社なのかを見極めなければなりません。具体的には、ブライト電機のこれまでの取引先や取引実績、その他財務状況などを精査して、ブライト電機と取引を開始してよいか、取引するとしたら毎月いくらまで売掛金（先に商品を販売し、あとから代金の支払いを受ける場合の、一時的に発生する未回収の代金）を作ってよいか（与信限度額の設定）といった問題を

図1　タイムラグ

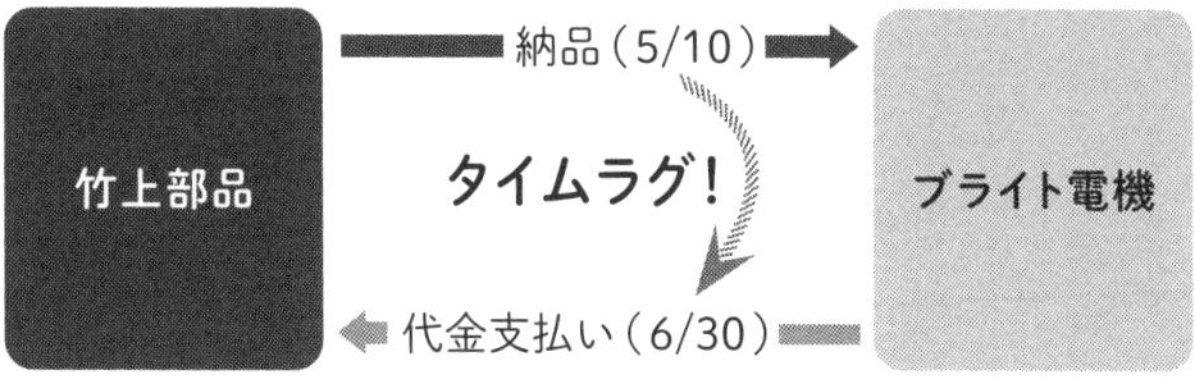

検討する必要があります。

次に、竹上部品における製造技術上の問題があります。

ブライト電機は竹上部品から機械部品を購入して、自社のマッサージチェアに組み込むわけですから、その部品は竹上部品の標準製品ではなく、ブライト電機仕様である可能性が高いでしょう。このような場合、果たしてブライト電機の要求仕様に合わせられるのかという技術上の問題が出てきます。

また、製造スケジュールの問題もあります。

技術的にブライト電機の仕様どおりの製造が可能だとしましょう。しかし、竹上部品の工場では、他の顧客向けの部品も製造しています。したがって今回新たに、部品を製造するにあたっては、そのための製造ラインを納期に合わせて確保することができるか、という具体的な製造工程のスケジュール上の問題を検討する必要があります。

さらには、検収条件（納品されたものが注文どおりにできているかどうか検査をして、受け取りの可否を確認するための条件）の問題もあります。

通常、完成品メーカーは、組み込む部品の供給を受けるにあたって、厳しい検収条件を定めていますから、それを事前にしっかり確認しておく必要があります。

検収では、種類・数量・破損の有無・動作に不具合がないかなどが検査されます。たとえば、動作確認の検査項目が多い場合や、その合格基準が他のメーカーなどに比べて極めて厳しい場合、あるいは検収にかかる期間が通常より長期にわたるような場合は、注意が必要です。なぜなら、竹上部品の出荷前検査では問題のなかった部品がブライト電機の検収に通らないケースもありますし、また、先に述べた支払条件の関連でいえば、請求書の発行が納品後ではなく、検収完了後のようなケースでは、納品しても検収が完了しない限り、竹上部品は請求書を発行できず、代金の回収が遅れることになってしまうからです。

そのほか、以下のような問題も考えられます。

● 保証条件の問題……検収後、ブライト電機において、あるいは最終ユーザーにおいて、納入した機械部品に不具合が発見された場合に、竹上部品がその修理や代替品の納入に応ずる場合の条件。

● 知的財産権の帰属の問題……ブライト電機の仕様に基づき、竹上部品が製造した機械部品に関する特許などの知的財産権をどちらに帰属させるかなど。

新規に取引を始めようとする場合、実にさまざまな問題について検討を加えなければなりません。

これらの一つひとつが、上原課長のいう「イシュー」なのです。「検討課題」と言い換えてもよいでしょう。

こうしたイシューの多くは、経理部や財務部、技術部や製造部の問題じゃないの？と思われるかもしれません。たしかに、それぞれのイシューの主たる担当者は各部門の責任者です。しかし、経理部や技術部といった各部門だけでこうした問題に対処することはできません。なぜなら、両社の合意を言葉にした契約書は以下のようなプロセスを経て作られるからです。

①主担当となる部門における検討結果を関連部門と共有。
②さらに多角的に社内で検討を加え、各イシューに対する会社としての考えを決定。
③集約された会社としての考えを踏まえて、取引相手と協議。
④最終的に両社で合意した内容を取引契約書という具体的な書面にする。

こうした事前の書面による確認・合意があって初めて、ビジネスの当事者は安心して取引を進めることができます。また、万一、トラブルが生じたときにも、その合意内容を解決のための指針として役立てることができるのです。

この一連の合意形成のプロセスにおいて、法的な素養をベースに、社内ではファシリテーター（調整・推進役）として、また、相手との関係ではネゴシエーター（交渉役）として重要な役割を担うのが、企業法務パーソンです。

企業法務パーソンがそうした役割を担っているからこそ、上原課長は松井君に、企業法務の最も重要な仕事はビジネスに線路を敷くことであると説き、そのためにはまずイシューを発見することが大切だ、と伝えたのです。

イシューの発見が漏れてしまうと、上述したような問題がそもそも社内で検討されないことにもなりかねず、企業は有形無形の大きな損害を被るおそれが出てきます。

そうしたビジネス上のリスクを最小化するために、まずは、リスクの可能性を含むイシューを漏れなく発見し提起することが、企業法務パーソンに課された大きな役割となります。

第2節

取引目的を明らかにする

松井　上原さん！　今度、第二営業部が甲府産業さんから工作用ロボットのソフトウェアの開発案件をとってきて、先方からもらった開発契約書のドラフトをレビューしてほしいそうです。

上原　甲府産業さんって、もうかれこれ、三〇年以上のお付き合いのある取引先だよね。で、また何でウチのような部品メーカーにソフトの開発を頼んできたの？

松井　いやぁ、どうやら第二営業部、今期の売上げが目標未達になりそうで、澤部部長が甲府産業の購買部長に頭を下げて、仕事をもらってきたらしいですよ。

上原　しかし、ウチにはそんなソフトウェアの開発なんて無理だろう。

松井　それが、澤部部長いわく「知り合いのＩＴ企業に下請けに出すから大丈夫。マージンは二割はとれるからいいだろう」だそうです。

上原　で、どうするつもりなの？

松井　まぁ、頼まれましたから、一応レビューしようかと……

上原　本当にそれでいいのかな？
　会社には受けていい仕事と、そうでない仕事があると思うよ。

松井　……？

松井君は残念ながら上原課長の発言の趣旨が理解できていないようです。一緒に考えてみましょう。

上原課長の「会社には受けていい仕事と、そうでない仕事がある」という言葉。これはいったいどういう意味なのでしょうか。

会社は設立の際に、定款（会社の憲法にあたるもの）を作成し、そこに「目的」を記載しなければなりません（株式会社の場合、会社法第二六条・第二七条第一号）。また、その目的は商業登記簿に登記しなければならない事項のひとつでもあります（株式会社の場合、会社法第九一一条第三項第一号）。

この目的とは、事業の内容を意味しますが、ご参考に、私が代表取締役を務める株式会社新企業法務倶楽部の該当箇所をご紹介します。

目的

（1）企業法務に関する教育の企画
（2）企業法務に関する出版業
（3）企業法務に関する調査、研究及び啓発
（4）企業経営に関するコンサルティング
（5）職業安定法に基づく有料職業紹介事業
（6）労働者派遣事業
（7）前各号に附帯又は関連する一切の事業

なぜこのようなことが必要なのでしょうか。それは、会社の設立にあたって、あるいは事業内容を追加したり変更したりするときに、事業内容を登記し広く一般に知らせることによって、取引を円滑に進めるためです。

したがって、会社は定款に定められ、かつ、商業登記簿に登記された事業内容の範囲でビジネスを行うことが基本となります。

さらに、定款と登記簿に「目的」を記載することは、取引の円滑化に役立つだけではなく、企業法務パーソンにとって留意すべき二つの大切な意味を持っています。

大切な意味の一つ目は、会社の目的には、その会社が展開する事業に対する「決意」や「使命感」が込められているということです。事業にかかわる人々の思いをまとめ上げる任務を担う企業法務パーソンは、この「決意」や「使命感」に沿って仕事をしなければなりません。

そして、もう一つ大切なこととして、目的の登記は、社会に対する「宣誓」だということです。「ウチの会社はこういう事業を行って社会に貢献していきます、力を貸してくださ い、贔屓にしてやってください」と、将来の出資者やお客様などに宣言することなのです。

そう理解すれば、宣誓したことを簡単に裏切るようなことはできません。
上原課長の「会社には受けていい仕事と、そうでない仕事がある」という言葉は、こうした文脈で捉える必要があります。

また、この言葉にはリスクヘッジの意味も含まれています。

竹上部品は各種部品や資材の製造販売を行っている会社です。工作用ロボットのソフトウェア開発は、竹上部品の事業範囲には含まれていないと考えられます。その証拠に、第二営業部の澤部部長は「知り合いのＩＴ企業に下請けに出す」と言っています。

ここで企業法務パーソンとしては、次のようなことを思い浮かべることが求められます。

①澤部部長の知り合いのＩＴ企業ってどんな会社なのだろう？
②その会社はこれまでに竹上部品と取引はあるのだろうか、信用できるのだろうか？
③甲府産業さんの望むソフトウェアをその会社は本当に開発できるのだろうか？
④われわれは元請会社として、そのソフトウェア開発の進捗管理をできるのだろう

か？

⑤われわれにはそのソフトウェアの検収を行うスキルがあるのだろうか？

⑥もしそうしたスキルがないなら、検収は甲府産業さんに依頼するほかないが、検収が通らなかった場合、われわれはどう責任を取るのだろう？

⑦開発のやり直しや損害賠償となった場合、その責任をＩＴ会社に付け替えることはできるのだろうか？

さまざまな疑問や不安が脳裏をよぎります。

こうした問題のすべてに、万全の解決策を用意できるのであれば、この仕事を受けてもよいのかもしれません。しかし、自社の本来の事業範囲に属さない仕事を請け負うことは、通常大きなリスクを伴います。

まして甲府産業は、開発されたソフトウェアを自社の工作用ロボットに搭載することを企図しているわけです。もし開発できなかった、あるいは、納期に間に合わなかったとなれば、彼らの損害は、竹上部品の受注金額の何百倍・何千倍にもなるかもしれません。つまり、甲府産業の契約の相手方である竹上部品としては、そうした巨額な損害賠償請求を受けるリスクがあることを理解しなければなりません。そして、万一そのリスクが現実のものとなってしまった場合に、請け負った仕事が定款の「目的外」の仕事で、巨額の損失を発生させたとなれば、経営陣の責任も問われかねないでしょう。

企業法務パーソンは、こうしたイシューを発見・把握したうえで、いま目の前にある契約書をレビューすべきかどうかを判断しなければなりません。進めるべきでないビジネスであれば、そもそもレビューする必要などないのですから。

イシュー発見のためには、このようにまず「取引目的を明らかにする」ことが大変重要なのです。

長年のお付き合いのある甲府産業からの頭を下げての開発依頼であるならば、多少考える必要もあるかもしれません。しかし、今回は目の前の売上げほしさからお願いした、当社自身では請け負えないソフトウェアの開発案件です。そのための契約書のレビュー依頼を、二つ返事で引き受けるような法務部では、機能不全も甚だしい、ということになってしまいます。

上原課長が松井君に「で、どうするつもりなの？」と聞いたときに期待したのは、「多くの疑問や不安があるので、この取引の目的や全体像について澤部部長に直接尋ねてきます！」という返事だったのです。

第3節

紙から入らない

松井　先日人事部から依頼のあったアルファメイドさんとの業務委託契約書のレビューが終わりました。必要な修正を行い、修正の理由も記載しましたので、最終確認をお願いできますか。

上原　了解。ところで、この取引は一言でいえばどういう取引なの？

松井　いま社内で使っている勤怠管理システムをより使いやすくするためのシステム改修をアルファメイドさんにお願いする、というものです。

上原　なるほど。それで、先方が標準契約書(1)として使用している業務委託契約書のひな形を送ってきたので、それをレビューしたわけだね。

松井　はい、そのとおりです。

(1) 会社が自社の製品やサービスを顧客に提供する際に相手方と締結することを目的にあらかじめ作成した契約書。

上原　それで、そのシステム改修作業はすべてアルファメイドさんが行うの？

松井　それはどういう意味ですか？

上原　システム改修作業はウチのシステム部は手伝ったりしないのか？　ということを確認したいんだ。

松井　……

上原　契約書のレビュー依頼を受けたのなら、その依頼元やその取引に関係する人たちに、取引の内容をしっかり聞かないと、どんな契約書を用意するのが適切なのか判断できないだろう。「紙から入らない」というのはとても大切なことだよ。

松井君、どうやら先方の契約書のひな形を受け取るや否や、すぐにその「紙」のレビューに入ってしまい、関係者からヒアリングすることを怠ってしまったようです。

今回のケースの場合、ヒアリングを怠ることによって、どのようなイシューを見逃してしまうことになるのかを考えてみたいと思います。

松井君が受け取った「業務委託契約書」とは、通常どのような取引に使用されるものなのでしょうか。

日本の現行民法は、いわゆる典型契約(2)として一三種類の契約類型を定めていますが、そこには「業務委託」という名の契約は定められていません。この業務委託契約は、通常「準委任」か「請負」のどちらかに分類されます。

準委任（民法第六五六条）とは、法律行為でない事務の委託を意味し、法律行為を委託する場合に適用される委任の規定（民法第六四三条〜第六五五条）が準用されます。他方、請負（民法第六三二条〜第六四二条）とは、当事者の一方がある仕事を完成することを約束し、相手がその仕事の結果に対して報酬を支払うことを約束することで成立する取引を意味します。

では、この準委任と請負には、法的な意味合いにどのような違いがあるので

(2) 民法は、典型契約として、贈与・売買・交換・消費貸借・使用貸借・賃貸借・雇用・請負・委任・寄託・組合・終身定期金・和解の13種類の契約類型を定めています。

しょうか。いくつか相違点がありますが、最も大きな法的性質の違いのひとつは、仕事を完成させる義務があるかないか、という点です。

今回のケースにおいて、アルファメイドとの取引が「準委任」だとすれば、彼らは仕事の完成義務を負わず、報酬の請求は、通常、「今月は○○時間働いたので、××円ご請求します」といった形でなされます。(3) これに対して、「請負」だとすれば、アルファメイドは仕事の完成義務を負い、別段の取決めを行わない限り、勤怠管理システムの改修を完成させ、引渡しを終えないと報酬を受け取ることができない(4)、ということになります。

このように準委任と請負には、法的な意味合いにおいて大きな違いがあるのです。契約書を作成する際には、取引の実態をよく把握・理解したうえで、いずれの法的構成をとればよいのかを考える必要があります。

ここで、上原課長の「システム改修作業はウチのシステム部は手伝ったりしないのか？」という発言に注目してみましょう。

(3) 民法上は、「受任者は、特約がなければ、委任者に対して報酬を請求することができない」(第648条第1項)とされていますが、企業間の取引で報酬に関する取決めがなされないことは通常ありえません。

(4) 「報酬は、仕事の目的物の引渡しと同時に、支払わなければならない。(以下、略)」(民法633条)

請負の場合は、アルファメイドに仕事の完成義務があるので、システム改修の仕様と納期さえきちんと決めておけば、基本的にあとは彼らに任せておけばよい、という整理が可能です。しかし、準委任だとすると、彼らには仕事の完成義務はないので、竹上部品の側で作業工程を管理し、システム改修をリードしていく必要があります。

さらに、たとえばアルファメイドから何人かが竹上部品のオフィスに常駐して、竹上部品のシステム部長の直接の指示のもとで改修作業を進めていく、といったことが予定されているとしたら、法的な取扱いは異なってきます。このような場合、労働者派遣法に従って、竹上部品とアルファメイドは「労働者派遣契約」を締結しなければなりませんし、もとよりアルファメイドが労働者派遣事業を営むための厚生労働大臣の許可を取得していなければなりません。

こうした法的取扱いの違いがあることを踏まえて、上原課長は松井君に質問を投げかけたわけです。

先方から受け取った業務委託契約書を眺めているだけでは、こうしたイシューは見えてきません。現場に行き関係者からよく話を聞いて、どのような形でシステム改修を実現したいのかをつかむことが必要です。そのうえで、初めて契約書の内容が適切なのかが正しく判断できるのです。

契約書のレビューを頼まれて、早くアウトプットを出さなければと焦ってしまうと、ついつい目の前にある契約書の素案＝紙に目を奪われてしまいがちです。だからこそ、「紙から入らない」と意識することが、イシューを発見するうえで非常に重要になってくるのです。

第4節

人を見る

上原　松井君、大阪の泉州建機さんにセンサー付きベアリングを納品する件だけど、支払条件についてまだ折り合いがついてなかったよね。

松井　はい。ただ、昨日、関西営業部の大谷部長と話したのですが、先方は「納品月、月末締めで請求書提出、翌月末払い」で了承してくれたようです。

上原　「先方」って、泉州建機さんのだれのこと？

松井　そこまでは聞いていません。

上原　先月、福井の越前重機さんと支払条件でもめた件、覚えてる？

松井　はい。たしか越前重機の購買課長は、「納品月、月末締め、翌月末払い」で了承してくれていて、その前提で契約書を準備して先方に提出しました。しかし、越前重機の最終稟議の段階で、取締役経理部長が、支払額が大きすぎるから翌々月末払いでないと受けられない、とおっしゃって、再交渉になった件ですよね。一時期、発注が取消しになるかもと、社内で大騒ぎになったのを覚えています。

上原　そうだよね。あのケース、本来どうすればよかったと思う？

松井　あらかじめ、越前重機さんにおける契約締結に至るまでのプロセスを購買課長経由できちんと把握して、稟議書（図2参照）にサインする方々の了承が得られているかを確認すべきでした。

上原　そうだよね。じゃ、今回の泉州建機さんの件、どうすればいい？

松井　はい。確認不足でした。すぐに泉州建機さんにおける契約締結プロセスを確認します。

第4節では、イシューの発見のために重要なポイントとなる「人を見る」ということについて述べたいと思います。

私たちは、プライベートでは普通に「人」対「人」でコミュニケーションをとり、その人の考えを理解しようとしていますが、ビジネスとなると、なぜか「会社」対「会社」という図式で考えてしまいがちです。

しかし、会社はしゃべらないし、動きもしません。法的枠組みの中で、会社は法人とみなされますが、実際にビジネスを形にしていくのは、それぞれの会社で働く「人」の思いであり、「人」の意思です。

A株式会社とB株式会社がある取引に関して契約を締結する場合、通常、それぞれの代表者(1)が契約書に署名または記名押印します。これによりA社とB社の法人としての意思が合致し、合意が成立したことを書面で証明することができるようになります。

しかし、それぞれ会社の代表者が自ら、そして一から、その取引についての準備や交渉を行ってきたわけではありません。

A社、B社それぞれに取引の主担当者がいて、彼らを中心に関係部署のキーパーソンが

(1) 代表取締役の場合もありますし、代表取締役から権限移譲を受けた取締役や担当部門の部門長などの場合もあります。

図2　稟議書サンプル

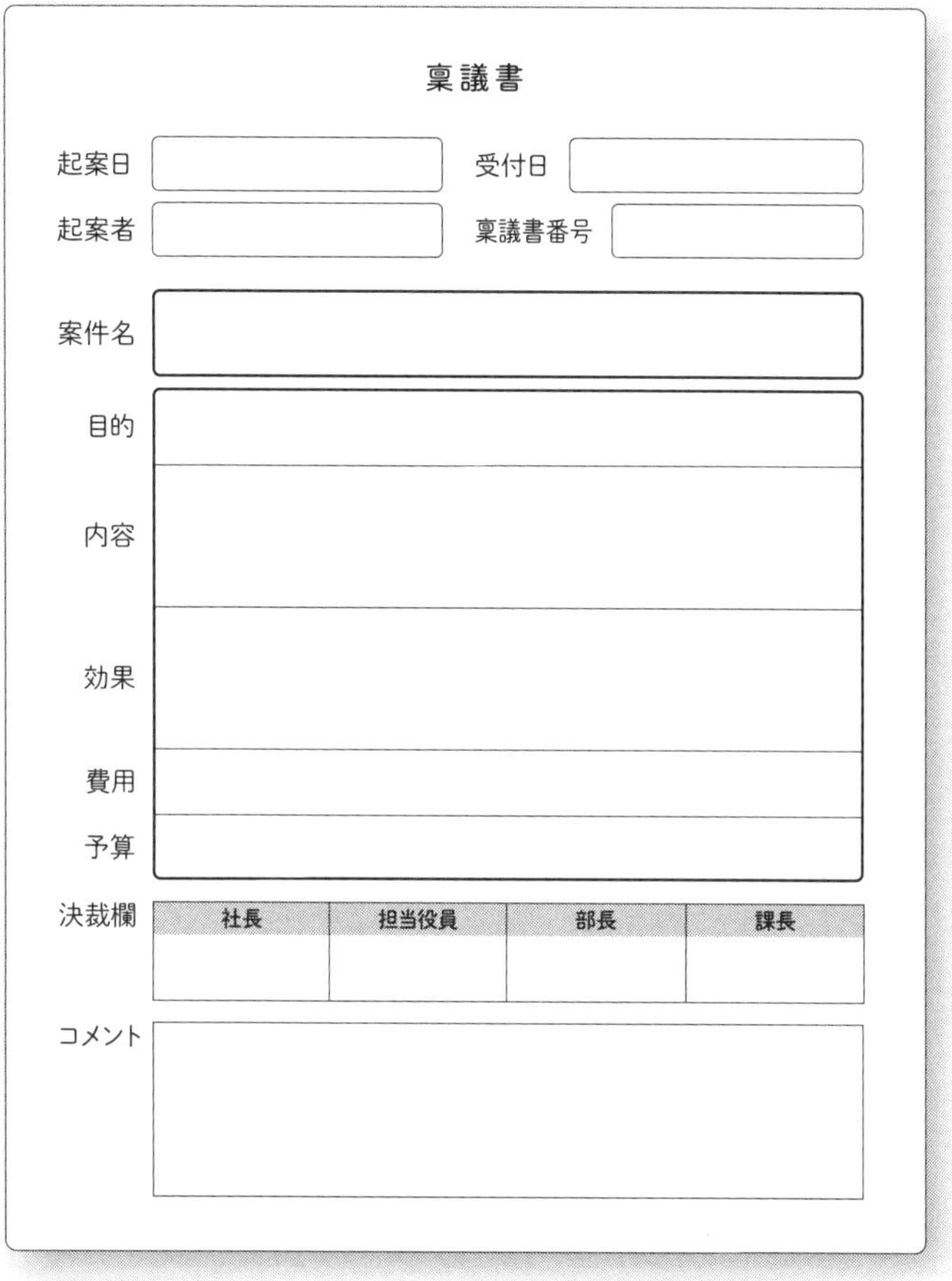

稟議書

起案日　　受付日

起案者　　稟議書番号

案件名

目的

内容

効果

費用

予算

決裁欄

社長	担当役員	部長	課長

コメント

企業では、稟議書（あるいは決裁書）が、取引契約やM&Aなど、さまざまな案件に関する合意形成・確認プロセス上、極めて重要な機能を果たします。関与する部門の部門長ならびに関係役員および社長らが稟議書に押印し、またコメントを付すことによってその意思を示します。最近は、書面ではなく、電子的な方法でこの稟議プロセスを進めることもあります。

加わり、社内で協議・調整がなされ、会社としての意思が作り上げられます。そして、これを土台にA社とB社が交渉を行い、その取引に関する合意が形成され、契約書という形にまとめられます。

つまり、ある取引にかかわる複数の人々の意思が会社の意思として、さらに最終的には、取引の当事者となる複数の会社の意思として一つに集約されていきます。ここで大切なことは、その出発点はあくまで個々の人の意思であるということです。

会社にいると、「ウチ」とか「先方」とか「お客さん」といった言葉をよく使います。

こうした言葉を使うこと自体は何の問題もありませんが、そうした「くくり」の中には、そこで働く人がいます。その人たちは、それぞれに自分の意見をもっているのです。その確認を怠ると、大きなイシューを見逃すことにもなりかねません。

このように、ある意見を耳にしたときに、常にそれが

「だれの意見なのか？」

「その意見はその会社ですでに集約された意見なのか？」

を意識することが大切です。それが取引を円滑かつスピーディーに進めること、そして取引の安全を確保することにつながります。

第5節

何も知らないことを自覚する

上原　松井君、この会社に入って、もうどれくらいになる？

松井　もうすぐ半年になります。

上原　だいぶ慣れたかい？

松井　会社には慣れましたが、上原さんがいつも言われている、現場に入りこんで必要な情報をとってくることは、正直まだまだ難しいと感じています。

上原　現場から必要な情報をとるために、自分なりに工夫していることは何かある？

松井　はい、これまで扱った案件をビジネスの形態ごとに分類して、ヒアリングを通じてチェックすべき項目をまとめるようにしています。

上原　なかなかいい工夫だね。では、そうした工夫の前提として私たちがしっかり自覚しておかなければならないことがあるんだけど、何だと思う？

松井　……すいません、思いつかないです。

上原　それは「自分は何も知らない」という強烈な自覚だよ。

さて、上原課長の言う「自分は何も知らないという強烈な自覚」とは、何を意味するのでしょうか。

学校を卒業し、社会人になったばかりの人たちは、社会や会社の仕組みについてまだまだ知らないことばかりです。たとえば、企業が世の中に送り出す商品や提供するサービスの内容に始まり、メーカーであれば、新製品を開発するための研究開発の工程や、製造方法、生産ラインの仕組みに、原材料を調達するためのプロセスや、商品を工場から出荷して店舗に届けるまでの物流など。また、バックオフィスに関しては、人事や労務のあり方に社内諸規程。そして、経理・財務のいろはに、ＩＴに、環境保全などなど。まさに知らないことのオンパレードで、新人研修を受けたぐらいで一〇〇％理解できる人はどこにもいないでしょう。

たとえこうしたことについて理解ができていなくても、たとえば、生産ラインに配属された人であれば、先輩から作業手順を習うことにより、早々に生産ラインの戦力となりえます。

ところが、法務部に配属された人、企業法務に携わる人はこうはいきません。自分の机の上には何もありません。あったとしてもパソコンと六法全書くらいでしょう。では、どうすればよいのでしょうか。

任された案件について、とにかく、まずは情報を収集することです。本気で現場に入り込んで、現場の人たちと話をし、その案件に関する情報を片っ端から拾い集めてくることが重要です。

そのときに重要なマインドセットは、「自分は何も知らない」という強い自覚です。

外部の法律事務所の弁護士たちはどんな案件でもまずクライアントからしっかりとヒアリングを行い、その案件の全体像をつかみ、さらにどこに法的問題があるのかを探るというプロセスを必ずたどります。彼らは会社の外にいる分、自分たちが何も知らないという自覚をしっかりと持っています。だからこそきちんとヒアリングを行おうとするのです。

企業法務パーソンも基本的には同じです。企業法務パーソンは会社の中にはいるものの、営業の最前線にいるわけでもないですし、新製品の開発現場にいるわけでもありません。情報を取らなければ仕事にならないのは、外部の法律事務所の弁護士と全く同じなのです。

「何も知らないことを自覚する」、ここが企業法務パーソンとしての出発点であり、常に立ち返るべき原点なのです。

第3章

リスクを察知する

第1節

リスクを回避するには

松井　上原さんからいろいろ教えていただいて、イシューを発見することの大切さが分かってきました。

上原　それはよかった。しかし、松井君。イシューを発見できたら終わりってわけじゃないからね。次は、リスクをあぶり出さなければならないよ。

松井　えっ！　まだ、さらにステップがあるんですか？

上原　もちろんだよ。ところで、イシューとリスクの違いは分かる？

松井　イシューは課題で、リスクは危険性ですよね。うーん、結局、よく分かりません……

上原　概念の違いを問われたら、まず共通点を探すといいよ。そして、その共通点を手掛かりにして相違点を浮き彫りにするんだ。いま、いかにしてビジネスに線路を敷くかという話をしていて、その中でイシューとリスクって言葉が登場してるよね。だとすると、共通点は「ビジネス」だろう。

松井　なるほど。そうすると、ビジネスという共通点を手掛かりに、イシューとリスクの相違点を導き出すってことですね。でも、そこから先の展開が読めません……

第3章では、イシューを発見したあとのリスクのあぶり出しについて、話を進めていきます。

さて、ここで出てくるイシューとリスクの二つの概念の違いはなんでしょうか。イシューの発見もリスクのあぶり出しも、これから進めていこうとするビジネスの問題点を見極めるときに必要なプロセスです。では、何が違うのでしょう？

それは、ビジネスを捉えるときの視点です。

第2章で述べたブライト電機の例で具体的に見てみましょう。

竹上部品は、ブライト電機向けに新たな部品を製造するためのラインを納期に合わせて確保できるか、というイシューを抱えています。そして、このイシューについて、具体的な現場の状況を確認していくと、次のような状況が見えたとします。

①納期に合わせるには、一か月後には製造ラインを確保しなければならない。
②製造部の課長と話したところ、ブライト電機の仕様に合わせた機械部品を製造できるラインでは、現在別の部品を製造中だが、その部品を使用した製品本体がクライアントの事情で急遽販売中止となったため、当該部品の生産は三か月後にいったん中止となることが分かった。
③そうであれば、現在製造中の部品のひと月の生産計画を三倍に引き上げることができれば、一か月後にそのラインを空けることが可能となる。
④資材調達部に聞いたところ、当該部品の製造に必要な残り三か月分の原材料の仕入れはすでに完了していることが確認できた。

⑤さらに、人事課長と経理課長にそれぞれ確認したところ、ひと月の生産計画を三倍に引き上げるために、ラインのシフトを三交替で回すことは可能だが、深夜業の手当てを支給しなければならないことなどから人件費が計画よりかさみ、当該部品生産の利益率に影響が出ることが分かった。

このように現場に深く踏み込んでヒアリングを行って初めて、新たな部品を製造するためのラインを納期に合わせて確保できるか、というイシューについて、リスクのあぶり出しができる（ラインは確保できるが、利益率への影響があることが分かる）ことになります。

「イシューの発見」においても、「リスクのあぶり出し」においても、ともに現場からの情報の収集は不可欠です。

しかし、相違点があります。

イシューを発見するには、「ビジネスを大きく俯瞰的にみること」が必要です。つまり、ビジネスの全体像を大きく捉え、想定される検討課題をくまなくあげていく「鳥の目」が必要だということです。

これに対し、一つひとつのイシュー（検討課題）について、個々のシチュエーションに潜んでいる具体的なリスクをあぶり出すには、開発・生産・販売等の計画、社内の業務プロセス、そしてそのプロセスを動かす社員の動きなど、さまざまな情報を丁寧に収集し、「業務プロセスごとにつぶさに検討していく」という姿勢が必要になります。つまり、「虫の目」です。

「イシューの発見」と「リスクのあぶり出し」では、「ビジネスを捉えるときの視点」が異なるという意味がご理解いただけたでしょうか。

イシューの発見 ▼	鳥の目 ▼	高い位置から俯瞰的に全体を見回してみる
リスクのあぶり出し ▼	虫の目 ▼	近づいてさまざまな角度から細かく物事を見る

第2節

「人がいい」では務まらない

松井　上原さん。機械部品事業部・開発部・第二課の山谷係長に呼ばれて、話をしてきました。

上原　どういう用件だった？

松井　開発部では、いま新たにクラウドタイプの三次元CADシステムの導入を検討していて、Q&Sデザインというベンダーさんが、同社の最新CADを利用できる環境を無償で一定期間提供してくださるそうです。先方からそのための契約書の提示があったので見てほしい、という依頼でした。

上原　そのシステムはいつから利用するの？

松井　来週からと聞きました。

上原　それで、正式導入の予定日は？

松井　来月一日です。

上原　それはちょっと、おかしくない？

松井　どういうことですか？

上原　正式導入が来月からなら、あと半月しかない。なのに、どうしていまごろトライアル使用なんだ？　ちなみに、トライアル使用に関して、他のベンダーとの契約書のレビューを頼まれたことは？

松井　ありません。

上原　ますます、あやしいな……
開発部の主力ツールとなる新たな三次元ＣＡＤシステムの導入なら、複数のベンダーにプレゼンしてもらって、それぞれのシステムをトライアル使用して、性能を比較検討することが必要だ。そして、さらにシステム移行のための作業内容やトレーニング計画なども詰めて、事業部会議にかけて承認を得なければならない。最短でも半年はかかるプロジェクトになる。

なのに、正式導入の半月前になって、トライアル使用のための契約書のレビューというのは、どう考えてもおかしいだろう。

松井　契約書を締結せずに、もっと前からQ&SデザインさんのCADシステムを使っていたってことですか?

上原　その可能性があるね。おそらく、他のベンダーさんとも同じように何の取決めもせずに、トライアル使用させてもらっていたんだろう。そして、最終的にQ&Sデザインさんのシステムを採用することに決まり、トライアル使用の根拠づけのために契約書を締結しないといけないということで、焦ってキミに頼みに来たってところだろう。

松井　ボクは、山谷係長に騙されたということですか。それにしても、どうして……

上原　おそらく、忙しさにかまけて、契約書の処理を放っていたか、そもそも、トライアル使用さえできればいいやと、最初から契約書を締結する気がなかったってこともあるね。

松井　……

第2節からは、イシューに潜んでいる具体的なリスクをあぶり出すためのマインドセットについて述べていきたいと思います。

今回のケースにおいても、さまざまなイシューが挙げられますが、その一つとして、「トライアル使用のための適切な使用条件を設定できるか」というものがあります。

この件に関して、竹上部品は、ベンダーのCADシステムが無償で使えればそれでよく、特段のリスクはないのではないか、と思われるかもしれません。しかし本当にそうでしょうか。

会社の事業にとって重要なシステムを新たに導入しようとする場合、通常、そのために実行すべき事項をくまなく拾い挙げなければなりません。そのうえで、各事項に必要な期間を見積もり、正式導入の目標期日を決めて、ガントチャート（工程管理表）に落とし込んで、実際の作業に入ることになります。

したがって、スケジュールを作成する段階で、どのベンダーのどのシステムをトライアル使用にかけるのか、そしてその期間はそれぞれどれくらいにするのか、期間中のベンダーによるサポートはどこまで要求するのか、といったことについてはあらかじめ大枠が決まっているはずです。そして、そうしたことは、契約書を締結するなどして、ベンダー側の明確な同意を取り付けておかなければなりません。

そうしておかなければ、たとえば、以下のようなことが起こりえます。

①ベンダー側の準備の遅れで、システムのトライアル使用の開始が計画どおりに進まないと、結果として正式導入が遅れ、最終的に製品の生産計画や売上計画にまで影響が出る。

②トライアル期間中に、無断でメンテナンスアップデートなどが行われると、その期間中システムが使用できず、導入スケジュールに支障が出る。

③システムに不具合が生じたときの緊急対応なども契約書にきちんと定めておかなければ、無償トライアルだからそうした対応はありません、などと言われるおそれもある。

④今回のケースでは、クラウドタイプの三次元ＣＡＤシステムなので、トライアル使用の際に作成したデータが特定の端末や社内サーバーではなく、Ｑ＆Ｓデザインのクラウドサーバー上に保存される可能性があり、そこから竹上部品の設計データが漏えいする可能性がある。

このように、システムの無償トライアルのようなケースといえども、業務プロセスをつぶさに見ていくと、さまざまなリスクの芽が見えてきます。これらをしっかりとあぶり出し、予防策を契約書に落とし込んでいくことが、会社には求められます。

しかし、今回のケースでは、残念ながら、リスクのあぶり出しと対応の準備が事前にできなかったということになります。

では、どうすればよかったのでしょうか。

いろいろと手法はあると思いますが、マインドセットの観点からいえば、企業法務パーソンが「会社のガーディアン（守護者）」としての威厳を持つことが重要でしょう。

言い換えれば、「いい人で終わらない」ということです。

就職活動などでは、いの一番に「コミュニケーション能力」が求められ、「人当たりが良い人」や「物分かりの早い人」が往々にしてコミュニケーション能力が高いという評価を得がちです。

しかし、企業法務パーソンとしては、それだけでは不十分です。

会社の利益を最大化するには、可能な限りリスクをあぶり出さなければならず、そのための役割として、あえて批判的な観点から問いかける姿勢が求められるのです。

すなわち、

「本当ですか？　間違いありませんか？」

「なぜ、そうしたのですか？」

「そのエビデンスはありますか？」

と聞き返すことが必要だということです。

今回のケースでいえば、

「CADシステムのトライアル使用は本当に来週からなのですか？」

「なぜ来週から使用するのですか？」

「システム導入のための全体スケジュールと、そのトライアル使用開始日は整合しているのですか？」

というように確認を行うわけです。

この手の人のことを、普通お世辞にも、「人がいい」とはあまり呼びません。
そうなのです。企業法務パーソンは、「人がいい」では務まらないのです。むしろ「嫌なヤツ」「面倒くさいヤツ」になるくらいの覚悟が必要です。

松井君が、これらのような問いかけを常日頃から行っていれば、山谷係長ももっと早い段階で、契約書のレビューを法務部に依頼してきたはずです。

では、「いい人で終わらない」ためにはどうすればよいのでしょう。
私は、次のような人間観を持つことが必要だと考えています。

「人は、弱い生き物である。自分に都合のいいことは、大いに誇張して触れまわり、自分に都合の悪いことは、できるだけ極小化する。自分を守るためなら、平気で嘘をつくこともあるし、他人を陥れることさえある。しかし、それを責めてはいけない。所詮、人とはそういうものである」

「人は弱い生き物だ」と達観することができれば、そうした弱い人たちに騙され、会社に損害をもたらすことのないように、会社のガーディアンとして、何度も何度も、相手に問いかけ続け、その積み重ねの中から事実をつかみ取り、リスクをあぶり出す作業ができるようになるのではないでしょうか。

ある意味それは、一人前の企業法務パーソンになるための「修行」といってもよいかもしれません。

第3節

肚落ちするまで問い続ける

上原　松井君、福光重工さんと機密保持契約書を締結するって話、営業部からのヒアリングは終わった？

松井　はい、営業一課の小池係長から背景事情をお伺いしました。福光重工さんは新型の油圧ショベルを開発中で、そのアーム部分に用いる部品のいくつかを外注したいということのようです。

上原　それで、契約書はどうなってるの？

松井　福光重工さんからすでにドラフトをいただいていて、私も目を通しました。

上原　どうだった？

松井　当社だけが守秘義務を負う、いわゆる片務契約（当事者の一方だけが義務を負う契約）でしたので、小池係長に理由を尋ねました。
そうしたところ、小池係長いわく、
「今回は、基本的に先方の要求仕様を伺うだけで、竹上部品からは特に機密情報の提供はないので片務契約で構わない。ここで福光重工さんにも守秘義務を負わせるような内容に変更を要求するのは失礼にあたる」とのことでした。

上原　それで、納得したの？

松井　まぁ、そういうものなのかなと……

上原　松井君、まず理解してほしいのは、「失礼にあたる」などといって、正当な要求さえ行わないのは、良くないということだ。
それから、小池係長は「竹上部品からは特に機密情報の提供はない」と言っているようだけれど、松井君は本当にそう思ってる？

松井　いいえ。
福光重工さんがこれから部品の製造を委託しようという会社に対して、要求仕様を開示するのは当然でしょう。しかし、ディスカッションの中では、私たちがその要求値に応えられるかどうかという話にも当然なるでしょうから、私たちの現在の開発技術や製造技術について一定程度開示することになるのではないかと思います。

上原　そう思っているのなら、なぜ小池係長に疑問をぶつけないんだい。いま言ったような流れの中で、当社からも機密情報が開示されるようなことにはならないんですかって、どうして問い続けないの。

松井　……

上原　分かったようなふりをしちゃダメだよ。格好つけてもダメ。そんなことをしても一銭の得にもならないし、だれもキミを尊敬しない。逆に、軽くみられるのが落ちだ。小池係長は、早く話を進めたいから、機密保持契約書の締結は簡単に終わらせたいと思っている。だから、先方が出してきたドラフトのままで締結したいんだ。でもそれによって、当社の機密情報が漏れるようなことになったら、いったいだれがその責任をとるんだい。いっぱしの企業法務パーソンになりたいのなら、自分の理解に妥協せずに、肚落ちするまで、聞いて、聞いて、聞きまくるって覚悟を持たなきや！

松井　はい、分かりました！

「肚落ちするまで問い続けること」、これは本当に難しいと思います。私も駆け出しのころは、なかなかできませんでした。

問い続けられない理由はいろいろあります。

入社したてであれば、前提知識として持っておくべき業務に関する知識が不十分なので、そもそも質問すること自体に気後れしてしまうことがあります。

また、企業法務パーソン特有の問題もあります。契約は業務の全体にかかわることなので、その全体像を理解している責任ある人から話を聞かなければならないことが多いものです。そうすると、通常相手は他部門の役職者で、自分より職位も年齢も上の人である可能性が高くなります。そのため、失礼があってはならないという思いが先に立ち、緊張したり、萎縮したりすることにつながりがちです。その結果、せっかくヒアリングに出向いているのに、ついつい遠慮してしまい、十分に聞き取りができずに終わってしまうケースもあります。

また、次のような理由もあります。ヒアリングの現場では、自分の質問に対する相手の答えを、自分が十分に理解できないことが往々にしてあります。そういうときは不明点を改めて質問しなければなりません。しかし、同じ質問を何度も繰り返すと、バカだと思われはしないかと、変なプライドが邪魔をして、疑問が残っているにもかかわらず、分かったことにしてしまう、といったこともあります。

さらには、多くの案件を抱えていると、焦りから質問自体を早く切り上げようとして、尋ねるべきことを手控えてしまうこともあるかもしれません。

それでは、どうすればこうしたことを防ぐことができるでしょうか。
仕事とは「事に仕える」と書きます。
自分は「人」に仕えているのではなく、「事」に仕えているのだという意識を持つことが、「肚落ちするまで問い続ける」ためには重要です。

「ヒアリング相手にどう思われようとそんなことは関係ない。為すべき事に正面から向き合い、為すべきことを全うする、それが仕事なんだ」

そう思えれば、次第に気持ちも楽になり、肚落ちするまで問い続けることができるようになるのではないでしょうか。

たしかに、ヒアリングを行うときは人と向き合うことになります。しかし、いま自分が向き合っている相手について過度に意識することはありません。あなたが真に向き合うべきは、目の前の相手ではなく、あなたに課されている仕事なのですから。そこから目をそらすことこそ恐れなければなりません。

事に仕える意識を持ち続け、自分の理解に妥協せずに「肚落ちするまで問い続けること」は、企業法務パーソンにとって、欠かすことのできない重要なマインドセットの一つです。

第4節

着眼大局・着手小局

松井　上原さん、資材調達二課の水原課長に呼ばれて、仕入先の西洋ゴムさんの話を聞いてきました。

上原　どういう話だった？

松井　来月納品する資材の支払いから支払条件を一か月早めてほしい、それからできれば単価も五％程度上げてほしいという話です。

上原　それで、松井君の考えは？

松井　西洋ゴムさんとの取引条件は、支払サイト(1)も単価も、取引基本契約で明確に定められていますし、その契約期間は三年です。更新時期までまだ一年半ほどあるので、交渉のテーブルにつくとしてもその時かと思います。

(1) 商取引において、取引代金の締切り日から実際に代金が支払われるまでの期間のこと。

上原　形式的にはそのとおりだけれど、西洋ゴムさんもそんなことは百も承知だろう。なぜこのタイミングで、取引条件の変更を要請してきたんだろう？

松井　水原課長は、多分資金繰りが厳しいんだろうとおっしゃっていました。ここ二期連続、赤字決算のようです。

上原　ウチは西洋ゴムさんから何を調達してるんだっけ？　それと、ウチとの取引は彼らの全売上げの何％くらいを占めているか分かる？

松井　取引品目は、ダンパーカラーを中心に一〇品目ほどです。昨年度、西洋ゴムさんの売上げは三億五〇〇〇万円で、ウチとの取引はその五五％を占めています。

上原　これは、ちょっと大ごとになるかもしれないな。西洋ゴムさんの要求を蹴飛ばすのは簡単だけど、その結果、西洋ゴムさんが倒産でもしたら、「竹上部品が西洋ゴムを潰した」なんて話にもなりかねないし、なによりウチの生産計画に影響が出たら大変だ。

松井　たしかに、そうですね。

上原　松井君、資材調達部の辰巳部長と、経理部の龍崎部長との会議のアレンジをしてくれ。議題は、「西洋ゴムとの取引条件の見直しについて」。

松井　分かりました。それ以外に、私は何をすれば……

上原　水原課長から西洋ゴムさんにこう伝えてもらってくれ。「当社との取引条件の変更の話を進めるためには、西洋ゴムさんの詳しい財務状況を共有してもらうことが前提です。具体的には、直近三か年の貸借対照表、損益計算書、それとキャッシュフロー計算書を出していただきたい。事の重大性をきちんと認識したいという趣旨です」と。それと、松井君は、資材調達部から情報をもらって、西洋ゴムさんとの取引に関して、当社の債務と債権について、直近三か月分の動きをまとめてくれ。

松井　債務は分かりますけど、債権なんてあるんですか？

上原　ウチの製品に合う資材を作ってもらうには金型が必要で、ウチが金型を作ってそれを取引先に預けている。かなりの面数があるはずだ。状況次第ではそれらをすべて即刻引き上げなくてはならないだろう。それら金型の取得価額と帳簿価額、それと先方での保管場所と、その金型の所有権が竹上部品にあることが分かる表示がなされているかも確認してくれ。

また、有償の支給材を提供している場合には、代金未払いのケースもあるかもしれないから、その確認も必要だな。

それから……

松井　まだあるんですか？

上原　もちろんだよ。

先方から財務諸表が手に入ったら、資材調達部と協力して、各取引品目の原材料と各原材料についての西洋ゴムさんの調達先、その調達先への支払方法と買掛金残高を表にまとめてくれ。

さらに、当社以外の顧客との取引状況と支払サイトも必要だな。

それから……

松井　上原さん、もうおなかいっぱいです……

今回のケースは資材調達先からの取引条件の変更依頼の話でした。

契約上の観点だけから見れば、支払サイトや資材の単価は、取引基本契約書に規定済みで、契約書の更新のタイミングは一年半先だからいますぐ交渉のテーブルに着く必要性はない。そうであれば、西洋ゴムの要請は捨て置けばよいという結論になってしまいます。

しかし、上原課長の考えは違いました。

竹上部品のビジネスとレピュテーション（評判）を守るために、資材の調達先も必要によっては守らなければならないと考えたのです。これが、「着眼大局」です。

大局的観点から見れば、いまの西洋ゴムの状況が竹上部品にとって、かなり大きなリスクを孕んでいることが分かります。そして本当にどれだけのリスクがあるかをあぶり出すために、上原課長はさまざまな細かい指示を出しました。これが、「着手小局」です。

こうした情報収集と詳細な分析を経て、状況によっては西洋ゴムの要望どおり、支払サイトを短くしたり、単価を引き上げたりということになるかもしれません。

さらには、西洋ゴムの社長に、この状況に至った経緯やこれまでに打った対策などについてもヒアリングをかけて、事情によっては、緊急の資金繰りの支援を行ったり、あるいは経営統合なども視野に入れて動く必要があるかもしれません。

とはいえ、必ずしも竹上部品が西洋ゴムを救済できるとは限りませんから、代替の仕入先の選定も同時並行で進めていく必要があります。加えて、取引先管理の観点から資材調達部に対して、取引先からの財務情報収集や定期監査の実施などを提案することを考えても良いでしょう。

いずれにしても、重要なことは目の前の現象だけを見るのではなく、その背景もふくめて、様々な角度から物事を捉えることです。そうしないとリスクを見誤ることがあるのです。

「着眼大局・着手小局」は、企業法務パーソンとして心しておきたいマインドセットの一つです。

ラスト・メッセージ

1

「国崎さん、たったいま、アイゼル社のマイケルから、全ページイニシャルサインの入った契約書のPDFが送られてきました！　これで最終合意案が固まりました！」

新井は喜びを隠せない様子で、課長の国崎に報告した。

新井裕子は大手電機メーカーの松城電器に勤務する企業法務パーソン。大学卒業後新卒で松城電器株式会社に入社、法務部に配属され、企業法務歴は一〇年になる。

この三か月間、新井はある案件に忙殺されていた。というのも、上司である国崎から新型の自動販売機の共同開発にまつわるプロジェクトの契約を任されていたのだ。

このプロジェクトについて、少し説明しよう。

当事者は、日本法人二社とイギリス法人一社の計三社。

日本サイドは、半世紀近く、紙コップによる飲料等の販売・運営管理を行っている大手自動販売機オペレーターである大府産業株式会社と松城電器。イギリス側は、菓子などの食品やコーヒーなどの飲料等の製造・販売を全世界で展開している巨大総合食品メーカーであるアイゼル社である。これら三社の共同で、新型の飲料用カップ式自動販売機を開発・製造・販売するというものだ。

三社のそれぞれの役回りは、アイゼル社が中身のコーヒーの粉末（真空パックされたもの）を製造し大府産業に提供する。松城電器は、新型の自動販売機を開発・製造し大府産業に販売する。大府産業は新型自販機の設置場所を探し、設置後のオペレーション（中身の補充、代金回収、自販機のメンテナンス等）全般を引き受ける、といったものである。

「あぁ、これでこの案件もようやく終わった。今日は久々に早く帰れそう！」

「おつかれさん。連日大変だったね。よくやった！」

国崎は、新井にねぎらいの言葉をかけた。それには相当の理由があった。

本当にこの契約案件は大変だったのである。

通常のカップ式の自動販売機でコーヒーを購入する場合、自販機内の専用箱に収められたコーヒーの粉末が、内部のホースを通ってカップに投入され、お湯と混ぜ合わされ提供される。この方式の場合、自販機内のコーヒーの粉末は、時間の経過とともに鮮度も風味も失われ、でき上がりのコーヒーの味は損なわれてしまう。

これに対し新型では、コーヒーの提供方法が全く異なる。コーヒーの粉は、縦横七センチ・幅五ミリほどの真空パックに収められている。自販機にお金を投入すると、まずこの真空のコーヒーパックが自販機から供される。これを購入者自身が自販機中央部のミキシングボックスにセットすると、ボックスに収められた真空パックに注射針のようなもので穴があけられ、そこにお湯が注がれ抽出されたコーヒーが最終的にカップに注がれるという代物であった。でき上がりのコーヒーは、いつでも挽き立ての味というわけだ。

したがって、この開発にまつわる契約の大きなキモの一つは、契約書に添付される、この味を実現するための技術仕様書であった。新井は、特許出願を担当する知的財産部や技術開発部のメンバーに教えを請いながら仕様書の理解に努め、また製造部とも何度も打合せを行い、検収時の検査項目、合格基準の設定、そして不具合発生時の対応方法などを詰めていった。

また、この契約は、自販機の開発に関するパート、真空パックの提供に関するパート、そして、自販機のオペレーションに関するパートと分かれていた。それぞれのパートにおいて、当事者間の役割と利害が密接に絡み、調整が大変難しかった。しかし、新井は詳細な業務分担票を作成し、棲み分けを明らかにし、他の二社の担当者とも根気強く折衝を行ったのである。

さらに今回は、一社が海の向こうということもあり、契約書はすべて英語で起案しなければならなかった。新井は辞書と英文契約に関する参考書と首っ引きで、この一大プロジェクトの契約を三か月かけて何とかまとめあげ、今日、ようやくアイゼル社の最終合意を取りつけることに成功したのだった。

そうした新井の仕事ぶりを横で見ていた国崎は、彼女をねぎらわずにはいられなかったのである。

2

「新井さん、来月の第三週だけれど、予定は空いてるかい？」

アイゼル社の弁護士マイケル・フィッシャーが最終同意を示す契約書のＰＤＦを松城電器に送ってきた翌週、国崎は新井に声をかけた。

「はい。特に会議等の予定はまだ入っていません」

「そうか。じゃ、市橋専務と自販機事業部の藤田部長と一緒に、ロンドンに行ってきてくれるかな」

「えっ、ロンドン出張ですか？」

「今回のプロジェクトの契約書の調印式の日程が来月一五日に決まったんだが、当社を代表して契約書にサインする市橋専務が今回の君の頑張りを高く評価してくれて、君も一緒にロンドンへ、ということになったんだよ」

「うれしいっ！　ありがとうございます！」

「お礼の言葉は市橋専務に」

と、とぼけた感じで上司の国崎は返したが、このプロジェクトで大活躍してくれた新井のロンドン行きを市橋専務に進言したのは、他ならぬ国崎であった。

3

翌月一三日、新井は機上の人となっていた。

市橋専務らはビジネスクラスだが、まだ主任の肩書きの新井はエコノミー席である。ロンドンまでの一三時間のフライトは多少窮屈ではあったが、真摯な努力が評価されたことがとにかく嬉しかった。

ところが、その嬉しさが一気に吹き飛ぶ事件が、宿泊先のホテルで起きた。

予約したハイドパーク近くの瀟洒なホテルに一行が到着し、チェックインの手続きをしていると、フロントの男性が新井に「メッセージが届いています」という。

封を開けると、一枚の便せんが入っていた。

新井の交渉相手であったアイゼル社のマイケルからである。

「真空パックの年間最低購入量を一五%上げてくれ」

「そうでないと契約書へのサインは難しい」

新井は、全身から血の気が引く思いがした。

「ありえない！」

アイゼル社の完全な合意を確認するために、新井は、数十ページに及ぶ契約書の最終ドラフトの全ページに、アイゼル社の本件契約実務責任者であるマイケルにイニシャルサインをさせ、それをＰＤＦで入手していた。

今回、新井が用意した調印式用の契約書の原本は、それと一言一句同じ内容だ。

「その内容の変更を、いまこのタイミングで要求するとは……」

アイゼル社から真空パックを購入する義務は大府産業にある。本来であれば、この要求は大府産業に申し入れられるべきことである。

それをアイゼル社が新井に伝えてきたのは、これまで大府産業とアイゼル社との折衝において、法務部門を持たない大府産業側の窓口役を彼女が担当してきたからだ。

「契約交渉は、下駄を履くまで分からない」

いつか上司の国崎が新井に言った言葉を、彼女は思い出した。

「もう午後一一時を回っている。これから大府産業にこのことを伝え、協議・調整し、明日の朝までに関係者の決裁を取ることなど不可能だわ」

新井は腹をくくった。学生時代、弓道部の部長だった新井は、いざという時でも冷静で決断が早い。

「日本は朝八時ね。国崎さんならもう出社しているはずだわ」

新井は、ホテルの四階の自室から松城電器本社・法務室の国崎に国際電話をかけた。案の定、国崎はもう出社していた。新井は国崎に事の経緯を説明したのち、こう言った。

「国崎さん。これから私は、マイケルに電話したいと思います。彼には、

『要求を取り下げてください。こんな段階での変更要求は信義にもとります。取り下げないなら、今回のプロジェクトは白紙撤回して、私たちは調印式に出席せず日本に帰ります。それでもいいですか』

と話します。支持してもらえますか」

国崎は心の中で、「新井も成長してくれたなぁ」と喜びながら、

「ＯＫ。ただし、マイケルに電話する前に、まずこの話を大府産業の城島常務に伝えて了解を取り付けないといけないね。それから、マイケルには、自販機事業部の藤田部長から電話してもらうようにしよう。藤田部長から連絡してもらった方が、こちらの本気度が伝わるだろう。市橋専務には、この後すぐに私から説明しておくので、心配しなくていいよ」

と答えた。

……あぁ、国崎さんが上司でよかったぁ……

新井は上司の国崎に心の中で感謝した。

国崎との電話が終わるや否や、新井は、藤田部長とともにホテルの五階に宿泊していた大府産業の城島常務の部屋を訪れ本件を伝え、了解を取り付けた。

そして、その場で、藤田部長はマイケルに電話をかけた。

藤田の英語は流暢とまではいえないが、文法的には誤りのない正確な英語である。

マイケルは電話では即答できないと言った。

藤田は、

「われわれは、予定どおり明日九時に御社に伺う。御社に着いたらすぐに回答を聞かせて

くれ。そこでなお、御社が変更を要求する場合、または回答がない場合は、即刻われわれは日本に帰るのでそのつもりで」

と告げ、静かに受話器を置いた。

その夜、新井はなかなか寝付けなかった。

4

翌朝八時、大府産業と松城電器の一行は、朝食もそこそこに、アイゼル社が用意した二台のリムジンに分乗した。

アイゼル社までの道中、新井の頭の中では、昨夜のやり取りが何度も繰り返し巡っていた。一時間後、リムジンはロンドン郊外のアイゼル社本社に到着。一行はすぐに大きな会議室に通された。

そこで、新井は一人の長身の男性と目が合った。マイケルである。リモート会議で何度も顔は見ていたが、直接会うのは初めてだ。パソコンの画面を通じて見ていた感じよりも少し若く見える。

彼はいったん軽くうなずいたあと、意を決したようにこちらに近づいてきた。そして一行と固い握手を交わしながらこう言った。

「昨夜は申し訳なかったです。われわれは修正要求を取り下げます。調印式は予定どおりです」

第4章

着地点を探す

第1節

なめられてはいけない

松井　上原さん、ウチは海崎重工さんに、大型バイク用の強化クラッチスプリングを納めていますよね。先日、第三営業部の片山課長が海崎重工さんのモーターサイクル事業部の購買部長に呼ばれて、仕様変更の指示を受けたらしいんです。

上原　どんな仕様変更なんだい？

松井　材質と線径（スプリングの直径）を変えたいようです。

上原　おいおい、それだと強度も寿命も変わってくるよね。その計算もテストも一からやり直しってこと？　そのコストは先方が持ってくれるの？

松井　いえ、それは竹上部品でもってくれとのことです。ちなみに、新しい仕様での納品は来月からとのことです。

上原　全部、海崎さんの言いなりってことなの？そもそも、さっき仕様変更の「指示」って言ったけど、先方にそんな権利があるの？

松井　……いや、まぁ、そうはいっても、海崎重工さんは大口の顧客で、強化クラッチスプリング以外にも多くの部品を購入いただいていますから、無下に断ることもできないですよね。

上原　だれも無下に断れとは言ってないよ。大口の顧客であればなおのこと、今回の対応が他の部品供給に影響することもしっかり考慮して、論理的に是々非々で対応すべきだってことだよ。確認だけど、今回の仕様変更の理由は？

松井　先方の理由によるもののようです。そもそも現行の仕様は先方から提供され、ウチはその仕様を確認して、個別契約書に添付しています。ウチはその仕様に準拠してモノを作り、先方はそれをバイクに組み込んで、完成品を販売代理店に卸しています。ところが、代理店経由で加速が悪いなどのクレームが顧客から複数寄せられて、海崎重工さんで調査したところ、そもそもの材質等に問題があったということです。

上原　じゃあ、今回の問題は、ウチに非があるわけではなく、もっぱら先方の責《せ》めによる仕様変更ということだね。

松井　はい。

上原　OK！　じゃあ、この問題に当てはめるべきルールはなんだろう？

松井　個別契約書には、この仕様変更に関する取決めは特に書かれていませんが、おおもとの取引基本契約書に仕様変更の手順が定められています。

上原　その手順に従うとどうなる？

松井　いずれかの都合による仕様変更は、三か月前までに理由を添えて書面で申し入れ、詳細について協議の上、最終合意に至れば、それを書面化して実行することになっています。

上原　だとすると、海崎重工さんの言うがまま、来月から対応する義務などウチにはないよね。

松井　はい、そうですね。

上原　それから、現在有効な個別契約において定められている取引内容はどうなってる？

松井　現行の仕様に基づいて、来年末まで、一ロット一〇〇個で、毎月一〇〇〇ロット納品することになっています。

上原　今回の仕様変更の指示をそのまま聞いたら、いまの契約はどうするの？ウチにはある程度生産在庫がたまっているだろう。売れませんから廃棄します、というわけにもいかないよね。
ビジネスは、ルールに基づいて行わなければならない。それは法律であれ、契約であれ同じこと。契約は両当事者が合意して取決めたことなのだから、いったん取決めた以上、それを遵守する法的義務がお互いにある。
そのことを、まずキミが理解し、片山課長が理解し、海崎重工の購買部長さんにも理解してもらわなければいけないよ。
仮に、先方がそのことを分かったうえで、今回の仕様変更指示を出したのなら、残念ながら竹上部品がなめられたってことだ。

そうだとしたら、海崎重工さんはこう思っているんだ。「契約書にはいろいろ面倒なことが書いてあるが、こちらがひとこと言えば、竹上部品は言うこと聞くだろう」って。しかし、それはビジネスのルールから外れている。ルールから外れているのなら、元に戻すまでだ。そのことが分かったなら、次にわれわれがどう動けばいいのか自分で考えてみよう。

松井　はい、分かりました。

取引相手からはさまざまな要求があり、理にかなったこともあれば、そうでないこともあります。そして、社内にも「お客様は神様だ。お客様の要望に応えるのがわれわれの務めだ」と言って憚らない営業担当者もいたりします。たしかに、企業が存続できるのは、製品やサービスを買ってくれる相手がいるからこそであり、この営業担当者の言葉は正しいのかもしれません。

しかし、だからと言って、相手の言うことをすべて聞いていてはビジネスが成り立ちません。企業は、製品やサービスを顧客に提供し、かつ適正な利益を上げることが重要です。なぜなら、株主や従業員などのステークホルダーに還元しつつ、さらに税金を納めてひろく社会に貢献してこそ、その存在が認められるからです。だからこそ、企業は利益を追求します。

そして、どのような取引条件であれば適正な利益を上げることができるのか、それを考えながら相手と交渉し、その結果としてまとまった合意の内容を書面にしたものが契約書です。

資本主義社会では、強行法規（法令の規定のうちで、当事者の意思にかかわりなく適用される規定）に違反しない限り、どのような契約内容でも自由に締結することが許されます（契約自由の原則）。そして、いったん契約を締結した以上、当事者はその内容を遵守し履行する法的義務を負います。言い換えれば、一方的な理由でその内容を破棄したり、変更したりすることは許されません。

ある企業が顧客となる企業と初めて取引関係（ＢｔｏＢの関係）を構築する際に、多くの場合、「取引基本契約書」を締結し、さまざまな取引品目やサービス内容の違いにかかわらず、共通して適用される取引条件を定めます。そして、個々の取引を行うにあたっては、その取引基本契約書に基づいて「個別契約」を締結し、取引の対象となる製品やサービス、そしてその対価などの詳細を取決めます。場合によっては、個別契約書の代わりに、注文書・注文請書といった方法によることもあります。

今回のケースにおいて、強化クラッチスプリングの仕様は個別契約書に添付されており、仕様変更の手順は取引基本契約書に定められていました。

いずれの取決めも契約で定められたことですから、海崎重工も竹上部品もこれを遵守しなければならず、一方的な変更は認められません。変更するのであれば、両者協議の上、改めて合意することが必要になります。

では、今回の問題の解決方法を考えてみましょう。

竹上部品が海崎重工の仕様変更の指示をそのまま受けることは、仮に竹上部品の生産体制がそれに対応できたとしても、契約内容を尊重した態度ではありません。

こうした安直な対応は、海崎重工に「竹上部品、与《くみ》しやすし」という認識を植え付けることとなり、竹上部品に負の遺産として（海崎重工との他の製品の取引にも悪影響を及ぼすなど）さらに重くのしかかってくることになるでしょう。

現行の個別契約を最大限尊重するのであれば、「現行の仕様に基づいて、来年末まで、一ロット一〇〇個で毎月一〇〇〇ロット納品したあと、仕様を変更する」のが、筋というべきでしょう。

しかし、海崎重工の立場としては、もっと早く仕様変更して、ユーザーのクレームに対応したいということであり、竹上部品としても、可能な限りそれに協力したいのであれば、「追加のコスト（材料変更や生産ラインの変更にかかるコスト）の補償や現行仕様に基づきすでに生産した製品の購入保証などの条件について、海崎重工側と協議・合意したうえで、仕様を変更する」のも代替案として考えられます。

この場合、契約書の対応としては、現行の個別契約書を活かしたまま、仕様変更のための覚書を締結する、という方法でも良いですし、現行の個別契約書をある時点をもって終了し、新たな仕様書を添付した新しい個別契約書を締結するという方法でも良いでしょう。

さらに、海崎重工として追加のコストの補償はできないような社内事情がある場合には、たとえば、「他の取引製品の購入量を来月から一〇％増やしてもらうことを条件に、来月からの仕様変更に応じる」といったような、ある意味「政治的」な提案を竹上部品から持ちかけても良いかもしれません。

いずれにしても、いったん締結した契約内容は遵守すべしという姿勢を常に保ち、そのうえで、以下のような論理的なアプローチをとることが、問題解決のためには極めて重要になります。

①直面する問題を明らかにする。
②これに対して、適用すべきルール（法律・契約内容）を当てはめる。
③ルールに則った解をいったんきちんと出す。
④そのうえで、状況を総合勘案・熟慮して、現実に即した解を出す。

こうした論理的なアプローチこそ、相互信頼に基づいた真のパートナーシップを構築できる王道でしょう。

第2節

逃げない

上原　松井君、近代電気さんが製造する自動販売機にウチのコインメックとビルバリデータ（硬貨・紙幣処理機）を搭載してもらうための契約書だけど、どういう状況？

松井　こちらの取引契約書のテンプレートを近代電気さんにお送りした後、この二か月ほどの間に、三回ほどドラフトのやり取りをして、ほとんどの条項については合意に至りました。
ただ、「責任の制限条項[1]」だけがまだ合意に至っていません。

上原　どういう交渉経緯なの？

松井　最初、こちらからは、
〈乙（竹上部品）は、その責に帰すべき事由により甲（近代電気）に損害

(1) 取引に関する損害賠償責任に制限をつけるための規定。

を与えた場合といえども、特別損害、間接損害、派生的損害および付随的損害については責任を負わない。(2) また、乙の本契約から生じる損害賠償責任は、本契約金額相当額を超えないものとする〉

という当社の標準条項を提示したところ、先方の法務担当者から、

「間接損害とか派生的損害とかいう概念は抽象的で中身が分からない。損害賠償条項は削除して、何かあれば民法の規定(3)に従って処理すればいいのでは」

というコメントがありました。

上原　それで、どう対応したの？

松井　いろんな種類の損害の概念を定義したところで、結局抽象的にならざるを得ませんし、かといって、何も書かずに民法に委ねてしまうと、具体的に当社が危惧するリスクを排除できない場合もありえますので、「逸失利益(4)」や「データの喪失」といった具体的に当社がビジネス上負いえない損害を列挙して、それらについての責任を排除するという代替案

(2) 損害賠償の対象については、民法第416条第1項に定める「通常損害」を原則とし、第2項において例外として特別損害を規定しています。間接損害、派生的損害、付随的損害は、日本法には規定がありません。

(3) 民法第416条第1項 債務の不履行に対する損害賠償の請求は、これによって通常生ずべき損害の賠償をさせることをその目的とする。
第2項 特別の事情によって生じた損害であっても、当事者がその事情を予見すべきであったときは、債権者は、その賠償を請求することができる。

を提示しました。

上原　そのアプローチはいいね。

松井　そうしたところ、先方は、
「民法の規定で十分。これ以上この問題で議論するつもりはない」
とかなり態度を硬化させてきました。
しかも、購買課長からは、
「今週中に回答がなければ、取引先を変える」とも。

上原　先方は、バイイング・パワー(5)で押しきるつもりか。
ひょっとしたら他社からもっと安い価格でオファーがあった可能性もあるね。しかし、なぜ近代電気さんはこの条項の排除にそこまでこだわるんだろう。理由を聞いてみた？

松井　どうやら以前、他の取引先との契約で当社の標準条項と同じような条項を入れて契約書を締結したらしいのです。そうしたところ、不良品が出て、全品良品との交換には応じてもらえたのですが、社内対応に要した費用などの金銭的な

(4) 本来得られるべきであるにもかかわらず、契約違反や事故などによって得られなくなった利益。

(5) 大きな購買力。

賠償には契約書を盾に一切応じてもらえなかったらしいです。

上原　なるほど。過去に苦い経験があるということか。

松井　上原さん、あと三日しかありません。

事業部側に交渉状況を説明して、責任の制限条項を削除して契約するしかないんじゃないですか。

上原　それはちょっとあきらめるのが早いんじゃない？

松井　でも、ここで当社案に固執したままでは、五〇〇〇万円のビジネスを失いますよ。そうなると、おそらく冷熱機器事業部の今期の売上目標は未達に終わります。法務部はその責任をとれるんですか。

上原　たしかに、ビジネスを成立させたいって気持ちは大事だ。

しかし、そんなに簡単に法務部門の責任から逃げちゃだめだ。

それは、法務部門の責任を全うせずに、取引上のリスクを事業部に押し付けているにすぎない。

ウチの契約書のテンプレートは何のためにあるのか、考えたことがある？

松井　当社のビジネス上のリスクを最小化するためです。

上原　そうだよね。

契約条項によってビジネス上のリスクを小さくすることが難しいなら、リスクを小さくするためのほかの方法を考えるのはどうだろう。

松井　ほかの方法ですか？

上原　今回のビジネスで一番心配しているリスクは何？

松井　今回、当社が納品するコインメックとビルバリは、基本的には当社の標準仕様ですが、近代電気さんの要求を入れて、一部仕様変更している部分がありますので、その動作保証ですね。

上原　そうだよね。

松井　はい、技術課の丹野課長に確認しました。

上原　コインメックとビルバリの単体での動作確認はこちらが標準検査手順に従って行うはずだ。自販機に組み込んだ後の総合テストはだれが、どれくらいの期間、どのような手順で、何をチェックして、合格基準はどうなってる？

松井　総合テストの内容に関しては、製造仕様書が合意された後、両者が協議して定めることになっています。

上原　OK。じゃあ、最終的な製造仕様書と総合テスト仕様書については、契約書の一部として添付するようにしよう。ウチと先方が納得のうえで、きちんとした製造仕様書と総合テスト仕様書を作成できれば、ビジネス上のリスクは大幅に縮小できる。丹野課長や先方と協力して抜けのない仕様書を作ろう。

松井　製造仕様書と総合テスト仕様書の重要性はよく理解できますし、これによって不良品が発生するリスク自体を減らすことができることも理解できるのですが、万一、不良品が発生した場合の賠償責任については結局どうするのですか。

上原　先方もウチとの取引が初めてだからこちらの製品や技術にいまだ信頼がおけないのだろう。だから、責任の制限条項には抵抗がある。よって、今回のビジネスはワンショットの個別契約として、先方の申し出をのむ。もちろん稲葉法務部長の承認を得て、さらに冷熱事業担当の片山取締役の了承も取らないといけないけれどね。
ただし、次のロット（生産の最小単位）からは、取引基本契約書を締結したうえで注文を受ける。
つまり、ウチの製品を信用していただいてから、改めて取引基本契約の交渉を行うということだ。

松井　なるほど！　その手がありましたか。

上原　一度取引が行われ、しかも品質がいいとなれば、契約交渉の環境も変わってくるからね。
それから、念のため、今回の製品にウチが掛けている保険内容を確認して、稟議書にも付記しておいて。

松井　はい、分かりました。

たとえば、新しいテレビを買ったとします。買い手側の心配は、そのテレビが映らなかったり、故障したりしたときに、販売店やメーカーにどう対応してもらえるかということでしょう。

通常、家電製品には保証書が付いています。たとえば、購入日から一定期間に不具合があった場合、無償での修理や新品との交換といった条件になっていることが多いと思います。

企業間の取引でも同じようなことが言えます。

今回の取引の対象は、コインメックとビルバリデータ（硬貨・紙幣処理機）です。契約交渉の段階で、これらの製品に不具合があった場合の無償保証期間・保証内容をどうするのかは、当然大きな交渉テーマの一つとなります。

しかし、製品の修理や交換だけでは済まない問題もあります。たとえば、ビルバリが故障して紙幣が使えなかったような場合を考えてみましょう。近代電気がその自販機をA飲料メーカーに販売していたとき、A社は売上機会を失い、逸失利益が発生します。

自販機での物販の売上高は、自販機に収める商品のラインアップもさることながら、設置場所によっても大きく左右されます。そうした変動要素があるなか、ビルバリの故障によるA社の逸失利益の額を事前に予測することは大変困難で、場合によっては、A社の損害が非常に大きなものになる可能性もあります。

また、近代電気はA社との自販機の売買契約において、この種の損害賠償責任を回避しているかもしれませんが、その事情は竹上部品からは分かりません。

このような理由から、ビルバリの製造メーカーである竹上部品としては、契約書の文言上、損害賠償の範囲を制限し、あるいは賠償額に上限を設けたいと考えるわけです。

さて、問題はこれからです。

竹上部品は、この損害賠償の問題への対応として、次のような条項を提案しました。

> 乙（竹上部品）は、その責に帰すべき事由により甲（近代電気）に損害を与えた場合といえども、特別損害、間接損害、派生的損害および付随的損害については責任を負わない。また、乙の本契約から生じる損害賠償責任は、本契約金額相当額を超えないものとする。

これに対し、近代電気はその提案を拒絶し、損害賠償条項は置かずに民法の規定に委ねようと回答しました。

どこに差があるのでしょうか？

では、民法の規定を見てみましょう。

民法の損害賠償の範囲（債務不履行責任の場合）に関する規定では、次のように定められています。

民法

（損害賠償の範囲）

第四一六条　債務の不履行に対する損害賠償の請求は、これによって通常生ずべき損害の賠償をさせることをその目的とする。

2　特別の事情によって生じた損害であっても、当事者がその事情を予見すべきであったときは、債権者は、その賠償を請求することができる。

つまり、民法において損害賠償の範囲は、原則「通常生ずべき損害」とされています。今回のケースで言えば、故障したビルバリを新品と交換する作業を近代電気あるいはA社が行った場合、対応した従業員の給与、日当、交通費、宿泊費などは通常生ずべき損害に含まれるでしょう。

また、仮に、竹上部品の営業担当者が近代電機の購買課長から、

「A社は近代電気が納めている高機能自販機を主に首都圏を中心に設置しているから、自販機一台当たりの売上げが高いんだ。以前、別の取引先からコインメックとビルバリデータの供給を受け、不良品が出たときには、自販機一台当たり一〇〇万円の逸失利益の賠償請求を受けてエライ目にあったよ」

といった具体的な話を聞いていたような場合、「特別の事情によって生じた損害であっても、当事者がその事情を予見すべきであった」（民法第四一六条第二項）として、竹上部品はこうした逸失利益についても、損害賠償を請求されるかもしれません。

このように過大になりそうな損害賠償請求を防ぐために、竹上部品は契約書の中に損害賠償条項を規定したわけです（民法第四一六条は強行規定ではなく任意規定なので契約当事者

による合意によって変更することが可能です）。

では、竹上部品が損害賠償条項に規定した「特別損害、間接損害、派生的損害および付随的損害」といった用語はどういう意味を持つのでしょうか。

実は、これらの用語のうち、日本の法令用語としてあるのは特別損害だけです。他の用語は沿革としては外国から輸入された法概念と言われており、必ずしもその内容が日本法の下でどう解釈されるかは明らかではありません。

しかし、国際取引契約において、準拠法がアメリカ合衆国の州法であるようなケースでは、このような用語を用いて損害賠償の範囲を制限する手法は有効に機能します。また、日本でも契約交渉の過程において、当事者間でこうした用語をどう理解するかについて議論がなされていれば、そうした議論は用語の解釈についての論拠になりえます。

さらに今回、松井君が「逸失利益」や「データの喪失」といった具体的に竹上部品がビジネス上負いえない損害を列挙して、それらについての責任を排除するという代替案を提示しましたが、これも損害賠償の範囲を制限する手法の一つとして良い方法と言えます。

しかし、今回のケースでは、残念ながら、こうした代替案も近代電気の理解を得ることができませんでした。そこで出てきた上原課長のアイデアに注目してみましょう。

ビジネスリスクを回避したり、小さくしたりすることができるのは、なにも契約書の条項だけではないということがとても重要なのです。

考えてみれば当たり前のことですが、ビジネスに線路を敷くのが企業法務の役割ですから、そもそもビジネスに潜むリスク自体を何らかの方法で小さくすることができればよいのです。そして、必要な場合には、その方法を契約書の本文や仕様書に記載し明確にすればよいでしょう。

今回の場合、最終的な製造仕様書と総合テスト仕様書については、いまだ策定されていませんでした。これらをきちんと作成するという方法により、一番の懸念事項である動作保証を確実なものにできれば、ビジネス上のリスクは大幅に縮小できるわけです。そのことを上原課長は指摘しました。そして、今回の取引についてはワンショットの個別契約として先方の要求をのみ、リスクのさらなる軽減を図りました。次回以降の取引では、交渉環境を整えたうえで改めて取引基本契約を交渉・締結することを見据えての一手です。

このように、最後の最後まで企業法務パーソンとしての職責から逃げずに、より良い落としどころを考え抜く姿勢が重要なのです。

第3節

契約書のひな形や会社の規則には理由がある

松井　先日の近代電気さんとの契約交渉、大変勉強になりました。

上原　それはよかった。

松井　それにしても、ウチの標準取引基本契約書の損害賠償の制限条項に書いてある「特別損害、間接損害、派生的損害および付随的損害については責任を負わない」という記載は改めた方がよくないですか？

上原　それはどうして？

松井　やはり、間接損害、派生的損害および付随的損害といった日本法にない概念を相手に説明することは難しいと思うんですよね。

上原　じゃあ、どうすればいいと思う？

松井　民法の規定をベースにしつつも、たとえば、
①故意または重過失のある場合にのみ賠償義務を負う
②逸失利益を含む特別損害については、予見可能性の有無を問わず、責任を負わない
③賠償の上限額は、損害事由が発生した個別契約に基づき、顧客が実際に支払った金額を限度にする
といった方法が考えられると思います。

上原　代替案としては悪くはないけれど、重要な点を見逃してるね。

松井　それはどのような点ですか？

上原　ウチの売上げは、国内と海外どちらが大きいんだっけ？

松井　たしか、海外の方が多かったような……

上原　松井君にはいまはもっぱら国内契約を担当してもらっているから、分からないかもしれないが、ウチの海外での売上げはすでに総売上げの七〇％を超えているんだ。そしてその取引のすべてが英文契約書で規定され、その準拠法は米国のデラウェア州法になっている。だから、契約書に英米法

の概念を用いることは全く理にかなっているわけだ。

松井　では、国内取引だけでも先ほどの代替案ではどうですか。

上原　国内用と海外用で内容を変えようということ？

たとえば、顧客が日本企業の米国子会社の場合には、どちらの契約書を使う？

松井　うーむ……

上原　同じ企業において、国内と海外で顧客に対する基本的な責任の取り方について、考え方が異なるというのは適切だとは思わない。ビジネスの主軸が海外にあるのであれば、むしろ海外での責任の取り方をベースにして考えるべきじゃないかな。

標準取引基本契約書に記載された用語の説明が難しいのであれば、各概念に当てはまりそうな具体的な事例を挙げるなどして、リスクに対する透明性を上げることもできるよね。

それはさておき、この件に関して、僕が伝えたいのは、何も契約書のワーディングの話じゃないんだ。

会社の就業規則、雇用契約書、あるいは取引基本契約書などは、一人の従業員や、一つの部門が勝手に定めたものではなく、関係する多くの部門責任者らが長い時間をかけて議論をして、総意をまとめたものだ。決して一人の思いつきで軽々に変えてよいものではないんだよ。こうした、いわば会社のポリシーや考え方を書面にまとめたものを変えようとするなら、現行の内容がどういう背景のもと、どういう基本的な考え方をもとにして、どんな議論を経てまとめ上げられたのかを、謙虚に学ぶ必要がある。

標準取引基本契約書は、ビジネスを行う際の基本的な考え方をまとめたものなのだから、特にそうだ。

そして、松井君が一つひとつの条項について、どういう基本的な考え方をベースにして定められたものかを体得すれば、契約交渉でわれわれの立場を説明するときにも迫力が違ってくる。交渉が難航した場合に、落としどころを考える際にも、譲っていい点とそうでない点がしっかり分かっているから、提案がしやすくなると思うよ。

松井　まだまだ学ぶことが多いですね。

会社にはさまざまな規程があります。

たとえば、就業規則には、始業及び終業の時刻・休憩時間・休日・休暇・賃金の決定・退職に関する事項などが取決められていますが、そこには必ず「理由」があります。

会社が求める社員像がそこにあるからです。

標準取引基本契約書も同じです。たとえば、支払条件について「納品完了後、請求書発行翌月末日払い」と定められている場合、そう定めた理由が必ずあります。

会社が求める取引像がそこにあるからです。

会社は、こうした契約書を用意するために、相当の時間と労力をかけています。その意味で、自社で働く人々の汗と英知の結晶と言ってもよいでしょう。

もちろん、私たちの仕事は、ビジネスに線路を敷くことですから、一つひとつのビジネスに即した契約書を作り上げていかなければなりません。その際、会社があらかじめ衆知を結集して作り上げた「標準取引基本契約書」は、その会社の基本的なビジネスのあるべき姿をまとめたものですから、まずはそれに定められた内容を出発点にしなければなりません。そして、目の前の取引に合うかどうかを検証し、もしそぐわない部分があるのであれば、個々の規定が置かれた背景・趣旨を踏まえて、どう修正すべきかを慎重に検討するというスタンスが基本となります。

顧客や取引先の主張を鵜呑みにして、あるいは迎合して、標準取引基本契約書の条項を安易に修正するようではいけないのです。

第4節 機を見るに敏

上原　松井君、先週の金曜日に、第三営業部の斎藤課長と一緒に名古屋の西代工業に自動車の座席用ヒーターの価格交渉に行った件、どうだった？

松井　すみません、ご報告が遅くなりました。

先方は購買課長の住之江さんと法務担当の林さんが出てこられました。

私の役回りは、現行基本契約書に定められているボリュームディスカウント表（購入数量に応じて単価を割引く取決めをまとめたもの）の読み方が少々分かりづらいとのことでしたので、価格交渉に先立って、その内容をご説明することでした。

結果、読み方自体はご理解いただいたのですが、住之江課長は、現行の割引率のカーブを上げるように要求されました。これに対して斎藤課長は、そこまで要求されるのであれば、毎月の最低購入数量を引き上げるよう要求されました。かなり議論が白熱し、結局先日の交渉はもの別れに終わり、今週金曜日の午後二時から改めて交渉することになっています。

上原　西代工業さんとの基本契約書は来月更新時期だから、今週末の交渉が山場になりそうだね。次回の交渉も斎藤課長が担当するの？

松井　はい、そう聞いています。

上原　そうしたら、松井君、もう一度今週末、斎藤課長と西代工業に行ってくれるかな？

松井　法務担当の私がその場にいても何の役にも立たないと思うのですが……

上原　いや、重要な役回りがあるんだよ。それから、第三営業部の玉置部長の今度の金曜日の所在を確認して、午後二時から四時までの間、いつでも電話連絡が取れるように、前もって根回しをしておいて。場合によっては、急遽新幹線で名古屋に向かってもらうかもしれないことも伝えておいてくれるかな。

松井　……

上原課長の思惑はどこにあるのでしょうか？　一緒に考えてみましょう。

契約交渉は合意を形成することを前提に行っています。当たり前のことですが、大切なことです。ビジネスを前に進めないといけないのですから。交渉相手のパーソナリティーなどによっては、時折、相手に対する敵対心が勝ってしまって、合意形成という真の目的が見失われることもあるので注意しなければなりません。

契約交渉は通常、音楽用語で用いられるデクレッシェンドのような形で、当事者の主張の隔たりが交渉の進展とともに狭まっていき、最後にそれが一点に集約し、最終合意となります（図3）。

とはいえ、ときには双方の主張の溝が埋まらず、契約締結に至らない場合もあります。だからこそ、合意のチャンスを逃すことなく、「機を見るに敏」に反応することが重要です。

図3　契約交渉の流れ

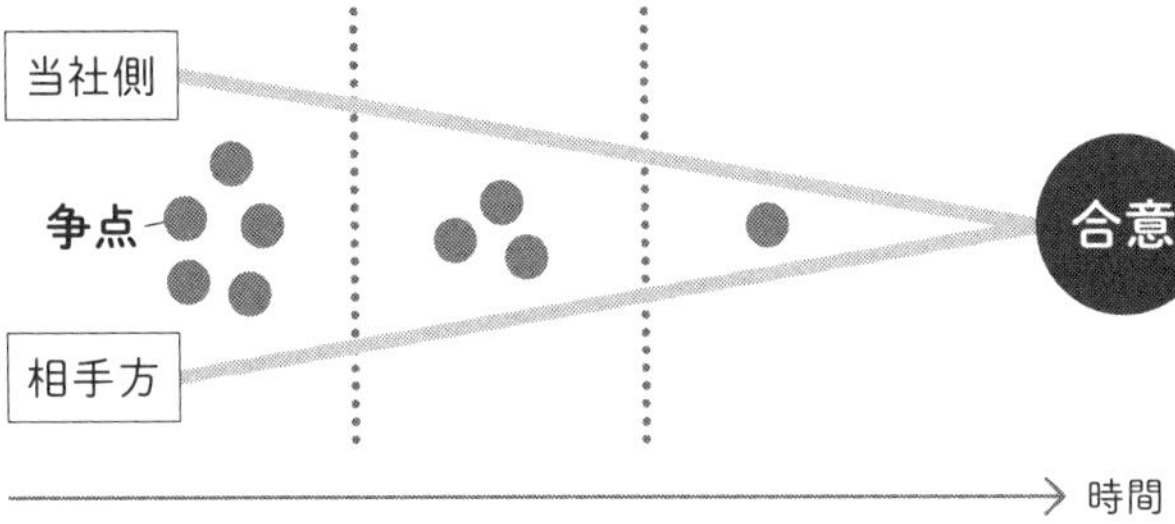

今回の事例のように、法務担当のあなたが営業課長とともに、顧客の購買課長と契約交渉を行っているとします。そして、商品のボリュームディスカウント率の交渉でこう着状態にあるときに、相手の購買課長が上司の購買部長を交渉のテーブルに呼んだとします。そのとき、すかさず営業課長と話をし、営業部長に顧客先に来てもらうか、会議に電話で参加してもらうようアドバイスすべきでしょう。

なぜなら、相手が自分の上司を交渉のテーブルに着かせるということは、これまでの議論よりも大きな枠組みで交渉しようということであり、そこには明らかに相手方の合意に向けたサインが読み取れます。俊敏に反応しなければ合意のチャンスを逃すことになるかもしれません。

これは比較的分かりやすい例です。

それ以外にも、たとえば、これまで自社の主張ばかりで、あまり質問をして来なかった相手が突然、「貴社案の文言では、仮に、○○という状況のときにはどのような解釈になりますか?」といった質問をしてきた場合、交渉相手は、自分の上司への説明のためにその答えを求めているのかもしれません。これは合意形成に向けた方針変更のサインの一つの可能性があります。

こうした、契約交渉中の相手の一挙手一投足に十分に注意を払い、合意へのサインを見逃さないことが、契約を締結するためにはとても重要です。

第5節

別の角度から考える癖をつける

松井　上原さん！

いま徳川自動車さんとの間で、向こう三年の量産部品の取引契約が大詰めの状況なのはご存じですよね。

上原　知ってるよ。

松井　その話に付随して、先週末、徳川自動車さんが、補給部品(1)の在庫量をこれまでの二倍に増やしてほしい、っていう要請をしてきたそうで、第一営業部の三宅部長がこの件について上原さんに相談したいっておっしゃっていました。

上原　了解。ところで、キミはその話、どう思う？

松井　去年、補給部品用の倉庫を増築したばかりでスペースも余裕がありま

(1) 量産に使われるものではなく、保守や交換などのために用いられる部品。サービスパーツとも呼ばれる。

すし、補給部品は量産品より単価も高いですから、在庫を増やしてもいいように思いますが。なにより、徳川自動車さんは最大のお得意先のひとつですから。

上原　ところで、どうして補給部品の在庫量を増やせって、言ってきたんだっけ？

松井　そこまでお話は伺えていませんが、発注量が増える可能性があるんじゃないでしょうか？

上原　本当にそうなのかな？　たしかに補給部品の単価は高いが、そもそもそんなに量が出ないよね。普通に考えれば、ウチに在庫を増やせってことは、自社の在庫を減らしますってことだよ。おそらく、徳川さんがいま熱心に取り組んでおられる全社的なコスト削減の一環だろう。

松井　なるほど。

上原　それにスペースがあるって言うけど、それはタダではないよね？会社の資産はすべてコストがかかっている。補給部品の在庫を倍に増やすということは、ウチのコストも倍になるってことだ。

仮にそのコストがさほど大きなものではないとしよう。その場合は、最大のお得意先のひとつからの頼みであることを考慮すれば、その依頼を受け入れるべきだと思う？

松井　その場合は、ビジネス上の配慮から、受け入れても良いように思います。

上原　本当にそれが徳川自動車さんのためになる？

もし倉庫が火災や震災の被害にあったら、どうする？

そうしたリスクを考えれば、保管場所は複数あった方がいい。短期的に考えれば、徳川さんのコスト削減に協力すれば、ウチの株は上がるかもしれないが、万一のときには、逆に先方に迷惑をかけることになる。

さらに言えば、勝手に処分できないものが増えるということは、将来のウチのビジネス展開の阻害要因になるかもしれない、ということも考慮する必要があるね。たとえば、いまの倉庫の場所に、新たに工場を建築しようという計画が持ち上がったとしよう。そうしたときに、補給部品の量が少なければ倉庫の代替地は見つけやすいけれど、その量が多いと難しくなってくる。

一度自分の考えを疑ってみて、問題をいろんな角度から捉え直してみることがとても重要なんだ。直感だけで判断するのはとても危険だよ。

松井　たしかにそうですね。

上原　まぁ、三宅部長は、いま言ったようなことは百も承知だろうから、所管の剣持取締役に報告に行く前に、現実的な落としどころを法務と相談したいってことだろう。三宅部長との打合せの日程調整を頼むよ。

「ゴーイング・コンサーン」という言葉があります。日本語で言えば、「企業の継続性」とでも訳せるでしょうか。

人の命は有限ですが、会社は死ぬことが予定されていません。企業は、社会に必要な商品やサービスを提供し、また労働者を雇用している。だからこそ、企業にはその事業を続ける社会的な責任があると考えられているのです。

ですから、事業の継続の一翼を担う企業法務パーソンとしては、「ゴーイング・コンサーン」ということを常に意識しながら、日々の業務にあたる必要があります。

今回、竹上部品は徳川自動車から、補給部品の在庫を二倍に増やしてほしいとの要請を受けました。取引関係をより強めたいという考えだけに依拠すれば、「それにかかるコストは竹上部品でもって、在庫を増やそう」という結論になりがちです。

しかし、企業法務パーソンであれば、「本当にそれでよいのか？」と一度立ち止まり、長期的視野に立って、ゴーイング・コンサーンを意識しながら検討する必要があります。

そして、自社のみならず取引先についても、ゴーイング・コンサーンを意識すれば、本当に徳川自動車に役立つ補給部品の在庫の持ち方とはどういうものなのか、という視点で検討することができます。

たとえば、以下のようなアイデアが考えられます。

- 竹上部品で持つ在庫を増やすのであれば、将来の火災や震災等のリスクを考え、保管場所は二か所以上にする。さらに、その保管場所はお互いに離れているところにし、できるだけ地盤のしっかりしたところにする。

- 在庫コストを引き下げ、将来の機動的ビジネス展開を考慮するならば、過去の補給部品の供給要請の状況を精査して、国内で持つ分は最小限度に抑え、それ以外の在庫は海外のコストの安い倉庫に保管する。
- 海外で保管している補給部品のリードタイム（発注を受けてから納品までにかかる日数・時間）は国内供給の場合に比べて長くしてもらう。
- 在庫量の増加分については、一定のコストを徳川自動車にも負担してもらう。
- 在庫コストの負担を受け入れてもらえない場合は、補給部品の単価を上げてもらう、運搬費を別途もらうなどで対応する。
- 徳川自動車と資本を出し合って、補給部品の製造・保管に特化した合弁会社を設立する。

いったん、答えが見つかったように思えても、一度は自分の考えを疑ってみる。そして、ゴーイング・コンサーンに限らず、いろんな視点から目の前の問題を捉え直してみることが企業法務パーソンにとってはとても大切なことです。

第5章

「視える化」する

これまで、第1章では「企業法務とはビジネスに線路を敷く仕事」だと述べ、第2～4章までは、取引契約のケースを例に出しながら、合意に至るまでのプロセスの中で重要となるマインドセットについて述べてきました。

本章では、合意に至ったあと重要となるマインドセット、「ビジネスを視える化する」ということについてお伝えしたいと思います。

取引内容について合意に至れば、あとは契約書を作成するだけで、大した苦労はないように思われるかもしれません。ところがそうではありません。漫然と書くだけでは契約書は仕上がらないのです。つまり、「書く」という作業にもマインドセットは必要なのです。そしてさらに契約書が調印された後でも、企業法務パーソンには大切な仕事があるのです。それでは、見ていきましょう。

第1節

書き切る

松井　壮大電機さんの新型冷蔵庫用の操作パネルの受託製造契約、ようやく合意にたどり着くことができました！

上原　ご苦労さん。今回の操作パネルは、最新のタッチコントロール方式で、しかも音声認識機能付きのものだから、壮大さんも保証内容の要求値は厳しかったなぁ。

松井　それに、家電製品のメーカー保証期間は通常一年間なのに、今回の新型冷蔵庫の本体は三年間無償保証ですからね。壮大電機さんはこの新型冷蔵庫に社運を賭けていると言っても過言じゃないですね。

上原　そのおかげで、ウチが供給する操作パネルも結局三年間の無償保証に付き合わざるを得なくなったからな。

松井　それで、今回の合意内容を反映したドラフトを作成しましたので、レビューをお願いできますでしょうか。

上原　保証期間に関する合意内容は、これだけ？

松井君、これじゃ、合意内容の一部しか書けてないんじゃやない？

〔契約書に目を通す……〕

松井　交渉の結論としては、

「本製品の無償保証期間は本製品が組み込まれた冷蔵庫本体が最終顧客に販売された日から三年間とする」となりました。

上原　たしかに、今回の契約で発注してもらったロットに関しては、この内容でいいけれど、次の発注も今回と同じ条件？

松井　いいえ、契約交渉の中で、次回の発注からは、操作パネルの無償保証期間は一年間で、保証期間が切れた後は有償保守になるという条件で、今回の取引についてのみ三年保証を受け入れた経緯があります。

上原　なぜその合意内容を契約書に落とし込まないの？

松井　しかし、あくまで今回の契約における無償保証期間は三年ですから

上原　……

上原　たとえば、
「本製品の無償保証期間は本製品が組み込まれた冷蔵庫本体が最終顧客に販売された日から三年間とする。なお、上記三年間の無償保証期間は、本製品が甲にとって二〇××年度における最重点商品であり、特に販売開始時において高機能商品である本製品の信頼性を顧客に訴求する必要があることを甲が乙に説明し、乙がかかる必要性について理解したことから、特別に本契約に基づき製造・販売されるロットに限って設定されたものであることを、甲乙相互に確認する。また、本契約後の甲乙間の取引において設定される本製品の無償保証期間は、別途甲乙間における書面合意のない限り、冷蔵庫本体が最終顧客に販売された日から一年間とすることに甲および乙は合意する」
といった規定を、今回の契約書の中に置くことだってできるだろう？

松井　たしかに……

上原　「書き切る！」って気持ちが大切なんだよ。
交渉で合意された内容を、だれにでも分かるように、分かりやすい言葉で契約書に落とし込むことによって、目の前のビジネスだけじゃなく、会社と会社との長期にわたる取引関係に道筋をつけることができる。ビジネスに線路を敷くというのは、そういうことだ。

それがわれわれに求められている重要な役割だってことを理解しておかないと、「書き切る！」って気持ちはなかなか出てこないんだ。

契約書は、形だけきれいに整えればいいってもんじゃない。形だけ整えるのなら、いまやＡＩにだって契約書は作れる。せっかく頑張った契約交渉の内容を書面に落として、きちんと関係者と共有するのは松井君の大切な仕事だよ。

松井　はい！

関係者の意思を契約書に落とし込む作業は、最初の素案を作成する段階でも重要ですが、実質的な合意に至った後でも当然重要です。

今回の交渉では、新型の冷蔵庫に組み込まれる操作パネルの無償保証期間は三年間とすることで決着しました。結論だけを契約書に書くのなら松井君の案でも良いでしょう。しかし、今回の取引における三年保証のウラには、次回の取引からは一年保証となるという合意がありました。だからこそ三年保証は実現されたのです。

こうした事情を契約書に落とし込んでおかないと、どういう事態になるでしょうか。

たとえば、一年後、竹上部品の営業担当者も壮大電機の購買担当者も異動となり、それぞれ新しい担当者がこの製品の取引を担当することになったとしましょう。そして、一年前の契約書を見た壮大電機の購買担当者から、「同じ製品を同じ取引条件で注文したい」と連絡があったら、竹上部品の営業担当者はおそらくそのまま了解してしまうでしょう。

もちろん、竹上部品の前任者がきちんと引継ぎ書を作成して後任に申し送りをしていれば、こうしたミスは防げるかもしれません。しかし、壮大電機の購買担当者が、「そんな話は聞いていない」と言ってきたらどうでしょう。この議論は水掛け論に終わるおそれがあります。

これではいけないわけです。

契約書を作成する目的のひとつとして、「紛争予防」ということがよく言われます。そのこと自体間違っているわけではありませんが、もう少しクリエイティブな目線で、つまり、ビジネスの目線で理解すべきではないかと私は思います。

すなわち、契約書を、「その取引にかかわるすべての人々が、合意された取引条件を明確に理解し、無駄な労力をかけることなく、適時・適切に、合意内容を履行できるようにするための最強のツールである」と理解するのです。

例として挙げた、一年後の水掛け論を防止する方法としては、必ずしも契約書でなくても良いのかもしれません。たとえば、契約交渉時に、議事録をきちんと作成し、そこに両者の交渉責任者の押印などがあれば、三年保証に至った明確な背景を知ることができるでしょう。しかし、通常、議事録に会社の代表者が押印をすることはなく、現場の責任者や担当者がサインや押印を行うのが通例ですから、その議事録の効力については後日争われる可能性もゼロではありません。

したがって、今回の交渉事情をきちんと視える化するためには、会社を代表する代表取締役や締結権限を有する取締役などが署名または記名押印する契約書の中に、両者の合意内容を書き切ることが最も良い方法でしょう。万一、相手方が今回の契約書の中に将来の取引の枠組みを書き込むことに抵抗感を抱き、異議を唱えた場合は、「附帯覚書」のような契約書本体とは別の合意書面の形にするという方法もあるでしょう。

ともあれ、当事者双方がこれからのビジネスをスムーズに遂行するという共通の利益のために、交渉で得られた合意内容を契約書の中に書き切ることはとても大切です。

第2節

「説明責任」を果たす

松井　上原さん、先月末にようやく交渉がまとまったフライヴューテクノロジーさんとの最新ドローンの製造委受託基本契約書締結のための稟議書が第一営業部から回ってきました。
あとは、稲葉法務部長の承認印をいただいて、君島常務の決裁に回します。

上原　了解。しかし、フライヴューさんはベンチャー企業で、大口出資者の中には外国投資家もいたから、いろんな面で骨が折れたなぁ。

松井　そうですね。特に、機密保持義務違反の際の損害賠償額の予定ではもめましたね。

上原　最終的には、ウチの機密保持のための社内体制を理解してもらって、彼らの要求を取り下げてもらったけれど、彼らの立場も分からなくはない。
これまで彼らは設計・開発、部品調達、そして製造、販売まですべて彼らだけでやってきたところ、需要に追いつけないので、製造工程のすべてをウチに任せようってことになった。ここで一気にライバル会社に差をつけようって作戦だ。しかし、彼らの設計・開発に関する情報はほとんどが機密情報だから、そこだけはしっかり守りたいわけだよね。

松井　そうですね、彼らの気持ちはよく理解できます。
最終的に損害賠償額の予定条項の要求を取り下げてまで、ウチと契約してくれたのは、当社内の機密保持体制を理解してくれたことのほかに、やはりウチの製造技術を評価してくれたってことでしょうか？

上原　製造ラインの現場や検査体制も見てもらったことが大きかっただろうね。
しっかり彼らの期待にこたえないと。

松井　そこで一つご提案なのですが……

上原　なんだい？

松井　ご承知のとおり、今回の製造委受託基本契約書には数多くの附属文書が添付されています。

製造体制図、製造工程管理手順書、品質管理手順書、検査手順書、教育訓練手順書、機密管理手順書などなど、これらの内容については現場の方々にしっかり理解していただかなければなりません。

もちろん工場長や各部門の責任者の方々には、これらの内容について素案の段階から目を通していただき、ご意見もいただいて、最終案についても確認していただいているのでご理解は十分かと思います。

そして自部門にかかわる内容についてはきちんと情報共有していただけると思います。

しかし、各部門の工程の前や次の工程、関連する部門が守るべき手順等についても、その概要はご理解いただく必要があると思います。

さらに、これらの附属文書は基本契約書本体のどこの条項と紐づいていて、会社はどういう責任を負っているのかについても、今一度確認いただくことが大切かと思っています。

そこで、基本契約書が調印され次第、一度各現場の責任者の方々にお集まりいただいて、製造委受託基本契約書と附属文書の内容を確認いただくための勉強会のようなものを開催したいと考えています。

上原　それはよいアイデアだ！　現場の役に立ちながら契約内容の履行・遵守が図られる！

是非、実行しよう！　早速、日程の調整と内容の検討をしてくれるかな？

あと、留意点を一つだけ。

その勉強会で、是非、出席者とリアルな契約交渉の実態を共有しておいてほしいんだ。

総論としては、フライヴューテクノロジーさんのこの取引に懸ける意気込みと狙い。何を重要と考えていて、当社に何を求めているのか。それに対して、当社はどのような考え方でその期待に応えていくのか。

各論としては、どういうポイントで、交渉が難航したのか。そしてどういう協議・検討・対応がなされ、最終的にどこで着地したのか。そしてどうしてその着地が可能となったのか。

そこをビビッドに語ることによって、勉強会はより有意義になると思う。

それらをご理解いただければ、部門責任者の方々が部下に対して手順書等の説明を行う際にも、伝え方が変わってくるはずだ。

私の方からは、稲葉法務部長経由で、真田副社長に勉強会の実施についてお墨付きを得ておこう。
真田副社長は調印式にも出られる予定だから、フライヴューテクノロジーの南部社長にもその旨伝えていただこう。きっと喜んでいただけるよ。ドローンの用途は拡大の一途。将来は物流や交通の重要な一翼を担うことも考えられる。まさに、無限の可能性が広がっている。
そして、当社にとってこの取引は、単なる製造受託ではない。当社が初めて完成品を作るというエポックメイキングなビジネスだ。
フライヴューテクノロジーさんと当社がこれからもっと絆を深めていけるよう、われわれ法務部も全力で頑張ろう！

松井　はい！

契約交渉によって最終的に合意された内容は契約書の中に書き切らなければなりません。それは企業法務パーソンの重要な責務のひとつです。

しかし、契約書に落とし込まれた合意内容を、それを遵守すべきすべての社内関係者が正確に理解し、行動に移してくれるかは全く別の問題です。

契約書には一般的に馴染みのない法律用語が使われることもありますし、その内容が複雑多岐にわたることもあります。企業法務パーソンでない方や契約交渉の現場に立ち会っていない人々にとっては、理解が容易ではないこともしばしばです。

そうした場合、それは受け手の知識や理解力の問題であって、法務部門の責任ではないと割り切ってしまってよいのでしょうか。

契約書の理解が難しいと思われるときに、法務担当者と社内関係者との理解を合わせるための方法を考え、それを実行することはとても重要なことです。具体的には以下のような方法が考えられます。

- 社内向けに噛み砕いた説明文を作成する。
- ビジネス全体の流れがつかみやすいようにフローチャートを作成する。
- 現場からの質問を予想して、実務に即したQ&Aを用意する。
- 説明会や勉強会を開く。

理解のすり合わせが必要なのはなぜでしょうか？　契約書にはこれから進むべきビジネスの線路が記載されているのですから、その上を走る人たちが迷ってもらっては困るからです。

英語で、Accountability と Responsibility という言葉があります。両者とも日本語では「責任」と訳されますが、私は、前者を「決定されたことに関するその経緯や内容などの説明責任」、後者を「決定された内容をこれから実施することに対する遂行責任」と捉えています。

企業法務パーソンは、営業・開発・製造・品質管理・購買・人事・経理・財務といった取引にかかわる社内関係者と相談・協議し、さらに相手方と交渉して契約締結まで導きます。だからこそ、その経緯と締結された契約書の内容について、社内関係者に対する Accountability（説明責任）を負い、これからその契約内容に沿ってビジネスを推進していく Responsibility（遂行責任）を負う現場の方々にきちんとバトンを渡すことが求められます。

陸上競技のリレーでは、走者がバトンを落としてしまったとき、次の走者がバトンを拾うのではなく、前の走者が拾ってもう一度次の走者に渡さなければなりません。それと同じです。われわれ企業法務パーソンは、バトンが渡らないことを他責にしてはなりません。ビジネスをつなぐための説明責任をしっかり果たさなければならないのです。そして、そのためには現場目線に立ったさまざまな創意工夫が求められます。

第3節

左警戒、右見張れ！

松井　さっき、出張で本社に来ていた関東工場の品質管理部で働いている田島っていう同期と社員食堂で食事してきました。

上原　同期のつながりっていいね。所属を超えて、グチを聞いたり、助け合ったり……

松井　転職組はもともと同期が少ないですが、彼とは何でも言い合える仲なので、本当に大事な友人です。

ところで、彼からあまり良くない話を聞きました。

半年ほど前に基本契約を取り交わした天城電気さん向けのＬＥＤパネルの出荷が計画より遅れているそうです。

上原　たしか、基本契約を締結したときには、青色発光ダイオードの材料の窒化ガリウムの調達の目途が危なかったけれど、何とか生産開始には間に合ったと聞いていたが……

松井　調達の件は、契約の履行に大きくかかわる問題でしたので、私も注視していましたが、何とか調達先に目途が立ち、一安心していたところです。

上原　じゃあ、出荷が遅れている原因は他にあるってことだね。

松井　直接関係があるかどうか分かりませんが、田島は、「製造現場でセクハラトラブルがあったようだ」って言っていました。

上原　そうか。すぐに人事部に問い合わせて、詳細を確認してみてくれる？

松井　はい、分かりました。

［人事部に問い合わせる……］

上原さん、大変なことが分かりました。

どうやら、生産ラインのある女性社員が、副工場長からセクハラを受けたので、人事部が設けた会社のホットラインに通報したらしいのですが、動きが遅くて、それに業を煮やした同じ生産ラインの二〇名の女性社員が抗議のために先週半ばから出社拒否しているらしいです。

上原　それは一大事じゃないか。人事部の対応は？

松井　副工場長本人や関係者からの聞き取りを行っているのですが、人数が多くて時間がかかっているようです。組合も会社側に対して団体交渉の申入れを検討しているようです。

上原　生産ラインの対応は？

松井　管理職が代わりにラインに立っているようですが、慣れないので生産効率は非常に下がっています。

上原　ことは、天城電気さんとの契約の不履行にも発展しかねない。松井君、至急、鬼頭人事部長と関東工場の山下人事課長、それから天城電気さん担当の営業課長にも招集をかけてくれ。顧客対応、組合対応を含めて善後策について緊急会議だ！
しかし、材料調達に気を取られていたら、足元の生産ラインでトラブルが発生するとは。「左警戒、右見張れ」とはよく言ったものだ。

「左警戒、右見張れ」とは、古くは海軍で、いまでも海上自衛隊で用いられている箴言です。

たとえば、艦の左舷に敵を発見した場合、全員の注意がそこに集中してしまうと、右舷から接近する敵に気付かず、対応が遅れて撃沈されてしまうおそれがある。そういうことがないようにとの戒めです。ビジネスでも同じようなことが言えます。一か所に注意が集まる時こそ、他方（全体）にも注意を払わなければならないのです。

第5章／第2節では、契約書を締結するまでのプロセスの中で生じた事柄や、契約書自体の内容を社内関係者と適切に共有することが、企業法務パーソンにとっていかに大切であるかを述べました。

しかし、企業法務パーソンが力を注ぐべきところはそうしたことだけではありません。契約書を締結した後のビジネスの進捗にも目を配り、必要に応じて対応を行う必要があります。すなわち、契約書が締結され、これを履行するフェーズに入ったあと発生するさまざまなトラブルへの対応です。

たとえば、今回のケースに限らず、契約交渉の段階では予期していなかった、実にさまざまな問題が契約の履行フェーズに入ってから発生することがあります。

- 生産ラインで働く従業員間で、セクハラやパワハラ問題が発生し、生産計画に影響。
- 材料調達の過程でトラブルが発生。たとえば、材料の仕様書が顧客の機密情報であったにもかかわらず、ある従業員が材料の調達先にそのスペックを機密保持契約書も締結せずに提供し、そこから顧客の競争相手にその仕様書が渡ってしまうなど。
- 初めて製造委託を受けた製品の生産方法が第三者の製法特許の対象となっており、特許権者から当該製品の生産中止の警告状を送付されるなど。

したがって、企業法務パーソンは、契約内容や締結の経緯にかかわる情報を適切に社内関係者と共有するだけではなく、契約内容の履行フェーズに入った後も、適切なタイミングで情報収集を行い、ビジネスの進捗状況を可視化しておく必要があります。

そのためにはどのような仕組みが必要でしょう。

取引先、従業員、株主または債権者などのステークホルダーへの説明や損害賠償等の対応が必要とされうる一定の重要な事件、事故などのトラブルについては、その種類ごとに、報告と対処についての標準的なフローを作成し、早期に法務部門に情報が共有される仕組みが求められます。

機密情報・個人情報の漏えい、製品事故、交通事故、業務上の災害、労務上の問題、インサイダー取引、知的財産権侵害、窃盗・詐欺などの刑事事件など、企業を取り巻くトラブルはさまざまです。こうしたトラブルに即座に法務部門が対応できるようあらかじめ手順を定めておくことが重要です。

しかし、こうした緊急時の情報共有プロセスにもまして重要なのが、平時における情報共有です。営業部門、調達部門、製造部門など各部門で行われている会議などに法務部門も参加し、ナマの現場の情報をつかむことはトラブルの防止に大変役立ちます。ある課題の解決策を議論するときに、契約的観点や関係法令の観点からのアプローチを提案できるのは企業法務パーソンだけです。

「左警戒、右見張れ」のマインドセットを持って情報収集を行い、普段からビジネスの進捗状況を把握し、「ビジネスの視える化」を図ることは非常に大切なのです。

拘束されるビジネス

1

「おつかれさまです！　川崎部長。ご帰国され次第、法務部に相談とは、中国で何かトラブルでもあったのですか？」

松橋健太は、自動車製造用ロボットに強みを持つ産業用工作機械メーカー、フジヤマ機械に入社して早三年。法務部に配属された当初から、辣腕で知られる渡辺幸平部長の直々の指導を受けて、一人で仕事もかなりこなせるようになってきた。最近では、屈託のない笑顔と人懐っこい性格を武器に、ちょくちょくいろんな事業部門に顔を出しては、御用聞きのようなこともやっている。

企業法務パーソンにとって、事業部門に顔を売ることは大事なことで、そのおかげか今日は、出向先のフジヤマ機械中国股份有限公司から一時帰国した営業本部中国営業部部長の川﨑守から直接呼び出され、本社ビル三階にある営業本部の会議室にやってきた。

「いや、トラブルというわけじゃないんだ」

そう言って、川﨑は会議室のブラインドを下ろしながら、こう続けた。

「なかなか思うように進んでいなかった新規取引先の開拓なんだが、最近ようやく大連汽車の購買部長とのパイプをつかんでね。いま自動車フレームの溶接用新型ロボットの売り込みをかけているところなんだ。ただ、初めこそうまく話が進んでいたんだが、細かな契約条件の話に入って折り合いが付かない問題が出てきてね」

「と、おっしゃいますと……」

「今回売り込みをかけているロボットは、ウチが多額の開発費をつぎ込んで、三年がかりで完成させた最新型だ。これを導入すれば、自動車フレームの溶接に要する時間は、これまでの半分以下に短縮できるっていう画期的な代物だよ。ところが、大連汽車はその新型ロボットを購入するにあたって、一年間、他の中国の自動車メーカーには売ってくれるなって言うんだ」

パソコンでメモを取りながら聞いていた松橋は手を止めてこう言った。

「買い手の言うことは何でも聞いてもらえると思ってるんですかね。ひどい話だ」

「そうなんだ」

「ところで、この話がうまく進めば、取引額はどれくらいになりそうなんですか」

「見込みだが、日本円で八億五〇〇〇万円くらいにはなると思う」

「ビッグ・ディールですね」

「だから、そう簡単にはあきらめられないんだ」

「分かりました。お伺いする限り、競争法上の問題があると思います。中国にもたしか独占禁止法はあったと思いますので、調査をするために少しお時間をいただけますか。おそらく今週末にはご回答できるかと思います」

「ああ、よろしく頼むよ」

松橋はすぐに法務部長の渡辺にこの件を報告した。渡辺は法務機能の強化のため、五年前にフジヤマ機械にヘッドハンティングされた元商社マンだ。商社では企業法務の機能を担う審査部の経験が長く、また海外駐在の経験もあり、こうした問題の扱いには慣れている。

「早速、王林律師事務所の楊弁護士にコンタクトして、二日で意見書を書いてもらってくれ。もちろん日本語で」

渡辺は、松橋からの報告を聞くや間髪入れずに指示をした。

王林律師事務所は中国では大手法律事務所のひとつだ。そこのパートナー弁護士である楊弁護士は、以前日本の大手法律事務所で三年ほど勤務していた経験がある。渡辺とも商社時代からの付き合いで、大型の契約案件で一緒に仕事をして以来の旧知の仲だ。渡辺のせっかちな性格も十分分かっている。楊弁護士は今回の短納期の仕事の依頼も苦笑いしながら引き受けたに違いない。

2

「松橋君、楊さんからの意見書は届いた？」

渡辺が松橋に尋ねた。

「先ほど、メールが届きました。結論から申し上げると、法的にクロとは言えなさそうです。中国における企業間の競合他社に対する業務提携の制限については、日本の独占禁止法上の〝優越的地位の濫用〟と同様、中国の独占禁止法に基づき、〝市場支配的地位の濫用〟が禁止されています」

「それで、〝市場支配的地位の濫用〟が認められるための要件は？」

「〝制約を課そうとする企業が市場支配的地位にあること〟と、〝正当な理由がないこと〟です」

渡辺は腰かけたミーティングテーブルの椅子を緩やかに左右に揺らしつつ、両手の指先を合わせては離しを繰り返しながら松橋の話を聞いている。頭の中で高速で思考をめぐらせているときの彼の癖だ。そして、さらに質問を続ける。

「〝市場支配的地位〟の認定はどのようになされるの？」

「同法一八条によると、市場シェアや競争状況その他さまざまな要素を総合的に分析して判断されるようです。また、同法一九条には推定規定があり、関連市場における一事業者の市場シェアが二分の一に達している場合は、当該事業者は市場支配的地位を有することが推定されます」

「OK。それで、大連汽車の中国でのシェアは？」

「昨年売上げベースで、一三％です」

「五〇％にはほど遠いな。ということは、少なくとも一義的に今回の大連汽車の要請が独禁法違反だ、と判断することはたしかに難しいな」

渡辺は右の口角を少しだけ上げた。

「あれ、どうして部長、ニヤッてしてるんです？　独禁法違反で彼らの要請を蹴飛ばすことはできないんですよ」

「分からないか?」

「部長が何を考えているのか……」

　渡辺はゆっくりと松橋に語りかけた。

「われわれが独禁法違反だと思うケースでも彼らはそう理解しないかもしれない。違法だ、違法じゃないの押し問答になる可能性もある。だから、むしろウチがビジネス的にさほど支障のない範囲で、あちらさんの要請にお付き合いした方が早く本件をクローズできることもあるだろう。その時、そもそもあちらさんの要請している土俵に乗ること自体が明確に中国の法律違反なら、当社は彼らの用意した違法なストーリーに乗っかったうえで条件交渉することになって、コンプライアンス上、問題になる」

「なるほど。そこまで読んでの、楊弁護士からの意見書取得だったんですね」

「そういうことだ。早速、川﨑部長に法令調査の結果を報告して、どこまでなら彼らの要請をのめるか協議してほしい。協議には、財務部の財前課長にも入ってもらうように」

「はい、分かりました」

　松橋は、早速、中国営業部長の川﨑と財務部の財前課長に法令調査の内容を共有し、大連汽車にどう回答するかについて協議を始めた。会議は三時間に及んだが、何とか回答案にたどり着き、松橋は夜遅くまでかかって協議内容の議事録を作成するとともに、大連汽車への回答案を書面化した。

回答案の骨子は次のとおりである。

①フジヤマ機械の中国の自動車メーカーに対する営業活動自体は何ら制約を受けないこと。

②ただし、大連汽車の機密情報の保持と新型ロボットへの先行投資の利益保護の観点から、大連汽車への新型ロボット納入に関与するプロジェクトチームと社内の他のチームとの間に、ファイアウォールを設け、一年間情報のやり取りを遮断すること。

3

法務部長の渡辺は、自宅で松橋からの報告メールを待っていた。松橋からメールが来るや否や、議事録と大連汽車への回答案を素早くチェックし、「これで進めるように」と一行書き、送信ボタンを押した。

翌朝、六時。中国営業部の川崎部長は、法務部が用意した回答書の内容を確認するや、プリントアウトし、一〇時一〇分発の成田発大連行きのフライトに間に合うよう、朝食も早々に自宅を飛び出した。

大連の一二月の平均最低気温は氷点下である。大連汽車本社二階にある広い会議室に通された川崎は、床に敷き詰められた大理石から、氷のような寒気が足元を襲ってくるのを感じながらテーブルについた。

しばらくすると、采购部（購買部）経理（部長）の王が現れた。と、同時に、秘書の女性が表面にたっぷりの茶葉が浮いた大きな湯飲み茶碗を二人の前に置いて立ち去った。

川崎は茶葉が沈みかけた頃合いを見計らって、一口お茶を含むとおもむろに話を始めた。

「王さん、今日は、弊社新型ロボット導入に関して、先日お話のありました競合他社への販売を差し控えてほしいとのご要請についての回答をもってまいりました」

「そうですか。回答をお待ちしていました」

王は、かけている眼鏡のフレームを少し直しながらそう答えた。ちなみに、川崎は王のトレードマークである真っ黒な黒縁眼鏡のレンズの奥にある二つの目が笑っているところをまだ見たことがない。

「結論から申し上げると、ご要請をそのままお受けすることは難しいです。弊社の新型ロボットを、一年間、他の中国の自動車メーカーに売れないとなると、開発のために投下した資本の回収が大幅に遅れることになるからです。そこで代替案として、大連汽車への新型ロボット納入に関与するプロジェクトチームと他のチームとの間に、ファイアウォールを設け、一年間情報のやり取りを遮断するという案をお持ちしたのですが、いかがでしょうか」

王はまっすぐに川崎の目を見て言った。

「川崎さん。率直に言って私は失望しました。なぜだか、分かりますか？ ご存じのとおり、わが社は、国内自動車メーカーとして五番手です。売上げも、利益も上位四社にはまだまだ及びません。そんなわが社が、命運を賭して、大金をはたいて、御社から高額のフレーム溶接ロボットを導入するのです。それで上位企業に追いつけなかったら、元も子もないではないですか」

「王さんのお気持ちはよく分かります。しかし、御社が上位企業に追いつき、追い越せるかは、御社の企業努力次第であって、弊社が事業を犠牲にして保証することではないでしょう。しかも、弊社は御社の子会社でも関係会社でもない。小さくとも独立した企業です。御社に営業の自由を奪われなければならない理由はどこにもない。それとも、王さん。一年間中国で商売ができない分の弊社の逸失利益を補償してくれるとでもいうのですか？」

「もともと高いロボットなのに、利益補償なんてできるわけないじゃないですか」

「では、ロボットの販売価格を二倍にさせてください。そうすれば、私が社内を説得します」

「いったん出した値段を上げるのですか。そんな話こそのめるわけがない」

川崎は冷静さを取り戻すため、目立たぬように深呼吸をしてから、改めて静かに話し始めた。

「是非ご理解いただきたいことは、御社のプロジェクトを担当するチームが、一年間、弊社の他のチームと情報交換を行わないということの意味です。御社の機密情報を他社に開示・漏えいしないのは当たり前のことです。それに加えて、弊社内部の他のチームとの情報交換さえ行わないということは、御社とのプロジェクトで得たノウハウなども他社向けのプロジェクトで使えず、その分、事業効率が落ちるということです。つまり、中国の他の自動車メーカーに新型ロボットを売り込もうとしても、弊社は一から勉強することになりますから、御社の競合自動車メーカーが弊社の新型ロボットを導入するには時間がかかる、ということになります。弊社は御社のご要請に、形を変えてお応えしようとしていることをご理解いただきたいのです」

「知恵を絞っていただいたことは理解もしますし感謝もします。しかし、御社内部での情報交換の遮断をどうやって確かめることができるというのですか。われわれが、フジヤマ機械さんの社内で監査を行うことをお認めにでもなるのですか。そんなこと無理でしょう。御社の他のクライアントさんの情報がたくさんあるのですから。それでは、社内を説得することはできません。あくまで、御社が新型ロボットを、一年間、他の中国の自動車メーカーに販売しないことを要請したいと思います」

しばらく二人の間で沈黙が続いた後、川崎はこう切り出した。

「王さん、今日こうして膝詰めで議論させていただき、お互いのポジションはよく理解できたと思います。そこでご提案ですが、今日の議論を踏まえて、それぞれ社内で再度この問題を検討し、一週間後にもう一度お話ししませんか」

「分かりました。いいですよ。では、一週間後、同じ曜日、同じ時間で」

「ありがとうございます」

御礼の言葉の後、川崎はなぜかこのプロジェクトにかける思いを王に話さずにはいられない衝動に駆られた。

「王さん。私は必ず御社のお役に立てると信じています。私はこのロボット開発の初期段階から、開発チームの一員として、多くの顧客のさまざまな要求値を技術者に伝える役割を担ってきたので、人一倍このロボットに思い入れがあります。その性能の高さ、品質の良さも技術者に負けないくらいよく知っています。だからこそ、この新型ロボットを御社に使っていただきたいのです。ただ、弊社にもお受けできることと、できないことがあります。どこまで御社のご意向に沿えるか分かりませんが、中国における弊社の営業責任者として誠心誠意努力することはお約束します」

「承知しました。当社も御社の新型ロボットの性能はとても高く評価しています。そして、いま、私は川﨑さんの思いをお伺いしてあなたに出会えた幸運に感謝しています。では、来週またお会いしましょう」

4

川﨑は、王経理と別れたその日のうちに日本に取って返し、法務部の渡辺部長と財務部の山口涼子部長との会議を招集した。

山口は、フジヤマ機械のメインバンクの一つ敷島銀行から三年前に財務部副部長待遇で出向してきた後、昨年フジヤマ機械の正社員となるとともに財務部長に昇進した。よく金融業は男社会と言われるが、彼女は女性総合職第一号として歯を食いしばりながらこれまでキャリアを積んできた。しかし彼女の特筆すべき点はそうした苦労を微塵も感じさせない物腰の柔らかさである。

その山口が川崎にねぎらいの言葉をかけた。

「川崎さん、おつかれさまでした。今回の交渉は大変だったようですね」

「いやぁ、まいりました。王さんがあそこまで強硬に競合他社への販売制限にこだわるとは、正直予想外でした」

「機内で書かれた議事録を拝見しましたが、当社として主張すべきところはよく主張していただいたと思いますよ」

「さすがに、ウチが大連汽車の子会社扱いされることは、許せないですからね」

「ともかく、何とか合意できる線を考えないといけないですね。大連汽車さんとの交渉で、これ以上お互いのポジションを言い合うだけの空中戦は時間を浪費するだけでしょうから、われわれが譲歩できる線を具体的に探しましょう」

話が具体的な協議に入るや、すかさず渡辺から川崎に質問が飛んだ。

「ところで、川崎さん。現時点で、大連汽車を除いた中国でのパイプラインはどれくらいあるんですか？」

「いま、ようやく業界二位の深圳汽車のトラック事業部とパイプがつながったばかりで、実質的な話はまだできていません」

「ということは、今年度の事業計画からすると、少しビハインドな状況ですね」

「ええ。恥ずかしながら」

「ただ、そこは今回の問題解決の糸口になるかもしれませんよ、川﨑さん。大連汽車は、普通乗用車から大型トラックまで幅広く事業展開しているんですよね。今回、大連汽車はどの製造ラインからロボットの導入を始めるんですか？」

「普通乗用車の製造ラインからです。トラックはあまりシェアも高くないので、後回しの計画で、今回のプロポーザルにも含めていません」

「ということは、最低限、大連汽車は普通乗用車の分野で、先行投資のメリットが享受できればいいわけですよね？　幸い、ウチは、いまのところあと一年内に、中国国内の他のクライアントの普通乗用車の製造ラインに、新型ロボットを納品し稼働させる見込みはないんだから、普通乗用車分野では、先方の要求をのんで、トラック分野は販売制限から外してもらうっていう譲歩案の提示が可能じゃないですか？」

「そうすれば、深圳汽車への売り込みが続けられて、一年内の実稼働も可能だ！」

いままで渡辺と川﨑の議論を聞いていた山口がこれに続いた。

「さらに、普通乗用車の分野では、一年間他社への納入は差し控えるものの、営業をかけることは認めてもらいましょう。そうしないと、深圳汽車でトラックから普通乗用車への横展開の話ができないし、他社への営業活動そのものが制約されると、長門精機さんなどウチの競争相手の中国展開を黙って眺めているだけってことになりますから。そうなると、当社も役員会で決裁をもらうことが難しくなります。正直、当社にとってこれがギリギリの線だと思いますよ」

「たしかに。何とかして、大連汽車にはこの線で、のんでもらうよう説得します」

5

川崎は、約束どおり翌週大連に飛び、日本で検討した代替案を王経理に提示した。

当初、王経理はトラック分野が販売制限から外れることに難色を示したが、まだ発注のコミットをしていないトラック分野での販売制限を強行に要求することは難しいと考え、最終的にフジヤマ機械の代替案を承諾した。

今回の交渉妥結の裏には、フジヤマ機械の新型ロボットの性能の素晴らしさと、なにより、終始一貫して真摯な交渉態度で臨んだ川崎部長に対する王経理の信頼があったことは言うまでもない。

大きな難関を乗り越えた両社は、その後、ロボット本体の売買契約のほか、設置導入契約・年間保守契約・導入当初三か月間の人員派遣を含むサポート契約など、関連する多数の契約交渉を同時並行で進め、必要な契約書を急ピッチで準備していった。

四月一日。フジヤマ機械と大連汽車は、現地大連で、大々的な調印セレモニーを行った。大連汽車からは陳総経理が、フジヤマ機械からは営業担当専務取締役の大橋が主賓として出席し、王と川﨑もそれぞれ本契約の立役者として宴席に臨んだ。

乾杯の音頭とともに川﨑が渡辺と山口に心の中で礼を述べながら、東京に向かって祝杯を挙げたとき、そのグラスの先では、かすかに王の眼が笑っているように見えた。

第6章

視野を広げる

第1節

視野を広げる三つのポイント

ここまで上原課長と松井君との対話を通じて、企業法務にとって重要なマインドセットについて説明をしてきました。

さまざまなマインドセットが出てきたので、どうすればこれらすべてをしっかりと身につけることができるのだろうかと、少し不安に思われるかもしれません。そうした不安を払拭するために第6章では、「視野を広げる三つのポイント」についてお話しします。これから述べる考え方を理解し日々の業務の中で用いていけば、ここまで紹介してきたさまざまなマインドセットも自ずと身につくようになると考えています。

具体的な話に入る前に、私が視野を広げる三つのポイントを意識し始めた経緯をお伝えしましょう。駆け出しの企業法務パーソンだったころ、よく上司に「キミは馬車馬か！」

と言われました。世間では、わき目もふらずに一心不乱に仕事に邁進する姿をこのように形容することがありますが、上司の言葉はそのような肯定的な意味ではありません。目の前のことしか見ていない、周りが全く見えていない様子を捉えて注意されていたのです。

契約書案を事業部から受け取ると、すぐさま一生懸命に検討はするのですが、公序良俗規定[1]や強行法規に触れる記述はないか、文言上、自社に不利な記述はないか、そういったところばかりに目が行きがちでした。そもそも自社がどのようなビジネスを行うためにその契約書を取り交わそうとしているのか、これまで相手とはどのような取引があったのか、なぜ相手は自社と取引したいのか、そういったことには、全く意識も関心も向いていなかったのです。

そういう状態なので、いざ契約交渉が始まり、予想もしていなかった対案が提示されたりすると、どうしてよいか分からず、すぐに行き詰まってしまうわけです。

ビジネス自体を把握していない。これまでの取引関係についても情報がない。関係者の思いも理解していない。これでは、契約交渉などできるはずがありません。

(1) 民法第90条は「公の秩序又は善良の風俗に反する法律行為は、無効とする。」と定めており、公の秩序又は善良の風俗を略して、一般に〈公序良俗〉といいます。

では、どうすればよいのか？

そこでたどりついたのが、これからお話する視野を広げる三つのポイントだったのです。それは以下のとおりです。

①面で捉える。
②時間の流れを捉える。
③バイアスは排除しきれないことを自覚する。

詳細に入る前に、それぞれについて簡単に説明しておきましょう。

「面で捉える」とは、ある事象を捉えるときに、担当者から得られる情報だけではなく、自分や相手の背後にいる関係者の考えや、取引対象となるモノやサービス、あるいはカネの動き、さらにはビジネス環境などを総合的に捉えるということです。

「時間の流れを捉える」とは、過去の経緯や将来の展開にも考えを広げて、大きな時間の流れの中で、直面する事象を理解するということです。

そして、「バイアスは排除しきれないことを自覚する」とは、次のようなことを意味します。視野を広げるには、ともに仕事をする人々との関係性や先入観といったバイアスを排除して、事象をあるがままに見ようとする態度が大切です。しかし、どんなに頑張ってもバイアスをゼロにすることはできません。むしろ、そのことをしっかり自覚することが重要です。それが謙虚な気持ちにつながり、安易に理解したつもりになることを防ぎ、視野を広げることに結びつくのです。

それでは、詳しく見ていきましょう。

第2節

面で捉える

ビジネスを成立させるには、双方の会社の意思を合致させなければなりません。そのためには、それぞれの会社の関係者の考えに十分気を配りながら、相手の最終的な妥結ラインがどこにあるのかを考える必要があります。

たとえば、取引相手の交渉担当者の背後には上司がいます。また、購買の責任者や経理責任者もいるでしょう。彼らの取引条件に関する考えは、必ずしも交渉担当者の考えと同じであるとは限りません。なぜならその交渉担当者がすべての社内関係者の意見を調整し集約したうえで交渉に臨んでいるとは限らないからです。ですから、仮に交渉担当者間で取引条件について合意したとしても、会社にその合意内容を持って帰ってみると、総スカンを食らって交渉がスタートラインに戻ってしまうこともありえます。

したがって、ビジネスを捉えるときには、点でもなく線でもなく、広く「面」で捉える必要があります。つまり、取引にまつわる関係者、つまり、「ヒト」に関する情報を幅広く収集するのです。さらに、それと同時に、「モノ」や「カネ」の動きもしっかり把握するのです。なぜなら、ビジネスはヒト・モノ・カネが動くことによって成り立つからです。

また、把握すべき情報は、相手方の情報だけではありません。自社に関する情報も当然必要です。意外と身内のことが見えていないこともあるので要注意です。

さらには、そうした契約当事者の外側にあるビジネス環境、たとえば、競合他社や、他の顧客や取引先に関する情報、業界の新技術や新しい法律改正の情報などにもアンテナを張っておくことが大切です。

たとえば、A社と原材料の購入の取引交渉をしているときに、B社が同じ品質のものをA社の提示価格より五％割安で共有してくれる可能性があるといった情報は、A社との取引交渉を有利に運ぶために非常に有益な情報となります。

さて、この「面で捉える」ということが、具体的な場面でどのように活用されているのかについて、これまでの内容を振り返りながら見てみましょう。

第2章／第4節で、次のような上原課長の発言がありました。

上原　「先方」って、泉州建機さんのだれのこと？

これは、松井君が「先方は〈納品月、月末締めで請求書提出、翌月末払い〉で了承してくれたようです」と言ったときに、上原課長が間髪入れずに放った発言でした。

この発言はどこから来るのでしょう。それは会社の意思決定の出発点は、会社の構成員である社員の意思だという考えからです。言い換えると、「だれ？」という点を曖昧なまま放置しておくと、のちにビジネス上の大きなリスクとなりうるということです。

「〈先方〉って、泉州建機さんのだれのこと？」と言った時の上原課長の頭の中には、泉州建機のみならず、この取引に関係している数多くの人々の相関図があったはずです。だからこそ、松井君が聞いてきた支払条件が、関係者の総意に基づくものなのか、正式な稟議が通っているのかということに素早く意識が向くのです。

常日頃から、上原課長は、状況を面で捉え広い視野でビジネスを見ているからこそ、事前にリスクの指摘ができるわけですね。
　また、第4章／第2節では、上原課長は次のようなことも言っていました。

上原　じゃあ、最終的な製造仕様書と総合テスト仕様書については、契約書の一部として添付するようにしよう。ウチと先方が納得のうえで、きちんとした製造仕様書と総合テスト仕様書を作成できれば、ビジネス上のリスクは大幅に縮小できる。丹野課長や先方と協力して抜けのない仕様書を作ろう。

　松井君が、近代電気との契約交渉において、「責任の制限」条項で折り合いがつかず、暗礁に乗り上げていたとき、上原課長が助け舟を出したときの発言です。
　竹上部品が負うべき損害賠償責任の範囲を限定する文言や賠償額の上限を、契約書の中に明記することがどうしても難しいという状況下で、上原課長は損害が発生するリスク自体を小さくしようとしたのでした。

つまり、

①契約書はビジネスに線路を敷くためにある。

▼

②契約書の中に、責任の制限条項を入れようとする目的は、竹上部品が負う損害賠償責任を限定するためである。

▼

③損害賠償責任を限定したいが、契約書の中にその条項を入れられないのであれば、損害賠償責任が発生しうるビジネス上のリスク自体を小さくすればよい。

という、発想の転換です。

これは、ビジネスを広く面で捉えていなければ出てこない発想です。ビジネス全体を眺め、この場合で言えば、製造仕様書や総合テスト仕様書の作成プロセスに関するヒトとモノの動きにまで意識を向けていれば、このようなアイデアを導き出す可能性を高めることができるのです。

第3節

時間の流れを捉える

次に、「時間の流れを捉える」について見てみましょう。

事業は過去から受け継がれ、未来へつないでゆくものであり、そこには時間の流れがあります。数多くの取引先とさまざまなビジネスを行ってきた結果としていまがあり、また、これからの事業の発展もそうしたビジネスの積み重ねの延長線上にあります。ビジネスを行ううえでは、そうした時間の流れにも意識を向ける必要があります。

ここまでの内容を振り返りながら具体的に見てみましょう。

第2章／第2節で、上原課長はこんなことを言っていました。

上原　会社には受けていい仕事と、そうでない仕事があると思うよ。

第二営業部の澤部部長がとってきたソフトウェア開発の案件の契約書を松井君がレビューしようとしたときの言葉です。竹上部品がソフトウェアの開発なんてやっていいのかという話でした。

そもそも竹上部品が設立された当時、創業者はどんな会社にしたかったのか、どのような事業をしようと思っていたのか。

そうした創業時の思いが商業登記簿に明記されているわけであり、そこに記載された事業内容の範囲でビジネスを行うことが基本であることを、上原課長は松井君に伝えようとしたのです。この言葉は、普段からビジネスを時の流れの中で大きく捉えているからこそ出てくる言葉です。

また、第4章/第1節にはこのような言葉もありました。

上原　ビジネスは、ルールに基づいて行わなければならない。それは法律であれ、契約であれ同じこと。契約は両当事者が合意して取決めたことなのだから、いったん取決めた以上、それを遵守する法的義務がお互いにある。
そのことを、まずキミが理解し、片山課長が理解し、海崎重工の購買部長さんにも理解してもらわなければいけないよ。

大口顧客の海崎重工からの仕様変更「指示」に対して、松井君が唯々諾々と従おうとした際の、上原課長の発言です。

現に取引を行っているということは、その取引条件について何らかの取決めがあるはずです。このケースにおいて、個別契約書には仕様変更に関する取決めは特に書かれていませんでしたが、おおもとの取引基本契約書にその手順が定められていました。

そこで、ややもすると、力関係で押し切られてしまいそうな状況に飲み込まれることなく、まずは当初の取決めを両社が確認・理解し、これを尊重するところから始めなければならないと上原課長は説いたわけです。

ビジネスで何か問題が発生したときに、顧客と取引を始めたときの約束事に立ち戻って考えるというアプローチも、時間の流れの中でビジネスを捉える姿勢がもたらすものです。

さらに、第3章／第4節にはこういう言葉もありました。

上原　これは、ちょっと大ごとになるかもしれないな。西洋ゴムさんの要求を蹴飛ばすのは簡単だけど、その結果、西洋ゴムさんが倒産でもしたら、「竹上部品が西洋ゴムを潰した」なんて話にもなりかねないし、なによりウチの生産計画に影響が出たら大変だ。

仕入先が支払サイトの短縮と単価の値上げを要請してきたのに対し、松井君は「そうした見直しは、次の取引基本契約の更新時期である一年半後でよい」という趣旨の発言をしましたが、上原課長はその考えをただちに「良し」とはしませんでした。

契約遵守という観点からは、契約期間中、締結済みの取引基本契約書に記載された条件で取引をするのは当然です。その条件を変更したいのであれば、契約更新の時期に交渉すべきとする考え方は、間違っているわけではありません。

現に、先ほどの海崎重工のケースでは、取引基本契約書に立ち戻って、すでに定められている仕様変更に関する取決めを尊重しなければならないことを上原課長は説きました。

しかし、どのような場合でも、取決めだけを尊重し、例外は一切認めないという態度でよいのかというと、決してそうではありません。今回、上原課長は過去の取決めだけではなく、将来の両社のビジネスの行方にも思いを致したのです。

竹上部品が契約条件の変更依頼を足蹴にした場合、どんなことが起こりうるでしょう。西洋ゴムの資金繰りが悪化し、資材供給が滞ってしまうこともありえます。そうなっては元も子もありません。上原課長はそうした事態を懸念したわけです。

こうした対応ができるのも、ビジネスを時間の流れの中で捉えているからです。「このまま一年半、支払サイトも単価もそのままにした場合、何が起こるだろう」と将来を想像したからこそ、いま打つべき手は打たなければならないと判断できたわけです。

第4節

バイアスは排除しきれないことを自覚する

最後に、「バイアスは排除しきれないことを自覚する」について見てみましょう。

本節のテーマを深く理解するために、第2章／第5節で述べた「何も知らないことを自覚する」との違いについてふれておきます。

「何も知らないことを自覚する」というマインドセットは、主に企業法務の仕事を始めたばかりの人を想定しています。たとえ学校で法律を学んできたとしても、会社や社会の仕組みが十分に分かっているわけではありません。ビジネスに貢献するためには、何も知らないということを自覚し、虚心坦懐に仕事に取り組むことが大切だと述べたわけです。

一方、これから述べる「バイアスは排除しきれないことを自覚する」は、これまで述べてきたさまざまなマインドセットに通底するものです。企業法務の経験の多さに関係なく、むしろ、経験が豊かになってきたときにこそ気をつけなければならない、より射程の広い話になります。以上のことを念頭に話を進めましょう。

さて、仕事を進めるには数多くの人がかかわります。上司や同僚らの他にも、関係部門の社員、取引相手の担当者、そのまた上司や関係先など、多くの人とさまざまな関係を持つことになります。そして、それぞれの関係性はあなたの仕事に対する姿勢や考え方に、以下のような目に見えない影響を与えることになります。

- あの営業課長はとにかく契約書の起案を急がせるから、十分なヒアリングができないんだよなぁ。
- あの購買部の係長が依頼してくる契約書の審査案件はいつも問題ないから、今回も大丈夫だろう。
- あの取引先の法務担当者はかなり高圧的だから、契約書の修正理由もまともに聞けないんだよなぁ。
- あの製造部の人は普段から誠実に対応してくれているので、話に嘘はないだろう。

自分が意識をしているか否かにかかわらず、ともに仕事をする人々の職位、職責、年功、態度、立場などが、あなたの仕事に及ぼす影響は小さくありません。もちろん、礼を失しない、あるいは節度をわきまえるという意味で、関係性を踏まえることは大切です。しかし、為すべきことを為すにあたり萎縮効果をもたらすようではいけませんし、逆に合理的な根拠のない信用につながるようでもいけません。

そのような関係性をいったん横におき、さまざまなバイアスを排除して、素直な心で事象を捉えてみることが、知らぬ間に狭まってしまった視野を広げるためにはとても重要になります。

たとえば、営業部長がこの数か月売り込みに四苦八苦していた新商品について、顧客が当社の決算の間際になって急に大口発注を出してくれたとしましょう。この状況を営業部長と一緒に手放しで喜ぶだけでいいでしょうか？

ひょっとすると、営業部長は社内の正式な決裁を得ずに、取引先との間で後日キックバックを提供する約束をして、それが決算間際の受注につながったのかもしれません。

状況を正しく把握するには、その営業部長がとても威圧的で話しづらい相手であったとしても、その立場や態度や圧力などにとらわれることなく、物事をあるがままに見ようとしなければなりません。

しかし、こうした態度を取ることは容易なことではありません。

わたしたちは、生まれてからずっと各々の主観を生きていて、自分以外の人の主観を体験したことはありませんし、そうすることは不可能です。ですから、どんなに事象を客観的に捉えようと思っても、結局は自分の主観で見るしかなく、バイアスがゼロである保証はだれにもできません。

したがって、可能な限り物事をあるがままに見ようとしつつも、どんなに頑張ってもバイアスをゼロにすることはできないと自覚しておくことが必要です。それが謙虚な気持ちで事象を捉える態度となり、情報収集や分析に手を抜くことを戒め、結果的に自分の視野を広げることにつながるのではないでしょうか。

第3章／第2節では、次のようなシーンがありました。

上原　そのシステムはいつから利用するの？
松井　来週からと聞きました。
上原　それで、正式導入の予定日は？

松井　来月一日です。
上原　それはちょっと、おかしくない？
松井　どういうことですか？
上原　正式導入が来月からなら、あと半月しかない。なのに、どうしていまごろトライアル使用なんだ？

このやりとりは、竹上部品がQ&Sデザイン社の最新CADを無償で一定期間トライアル使用させてもらうための契約書レビューに関するものです。

松井君は、山谷係長からのレビュー依頼について何の疑いも持ちませんでした。自分より職位が上である山谷係長が自ら契約書のレビューを依頼してきた背景に、よもや不適切な行為があろうとは思いもよらなかったのです。ここに、相手の職位や地位が自分の視野に大きく影響している例を見ることができます。

これに対してバイアスは排除しきれないことを自覚している上原課長は、松井君に先入観がありうるという目線で事案を捉え直し、トライアル使用の期間が短すぎることにすぐに気づきました。山谷係長の行為に疑問を持ったのです。

また、第3章／第3節では、次のようなシーンがありました。

上原　それで、契約書はどうなってるの？

松井　福光重工さんからすでにドラフトをいただいていて、私も目を通しました。

上原　どうだった？

松井　当社だけが守秘義務を負う、いわゆる片務契約（当事者の一方だけが義務を負う契約）でしたので、小池係長に理由を尋ねました。

そうしたところ、小池係長いわく、

「今回は、基本的に先方の要求仕様を伺うだけで、竹上部品からは特に機密情報の提供はないので片務契約で構わない。ここで福光重工さんにも守秘義務を負わせるような内容に変更を要求するのは失礼にあたる」とのことでした。

上原　それで、納得したの？
松井　まぁ、そういうものなのかなと……

松井君が、福光重工から来た片務契約形式の機密保持契約のレビューを頼まれた際に、双務契約の形にすべきだと思いながらも、小池係長による「福光重工さんにも守秘義務を負わせるような内容に変更要求するのは失礼にあたる」との説明に、納得してしまったシーンでした。

これも、現場をよく知っている職位の上の人が言っていることだから間違いないのだろうというバイアスがかかってしまった例です。実務では、こうしたバイアスは本当に至る所にあるので注意が必要です。

バイアスは排除しきれないことを自覚していれば、いまの自分の理解や判断が、ひょっとしたらバイアスに基づいたものではないかと、自省することができます。そうすることにより、情報収集に漏れがないかとか、情報を評価する際に思い込みがないかといった見直しを行うことができるようになり、視野はさらに広がっていくことになります。

図4　マインドセットと視野を広げる3つのポイントの関係性

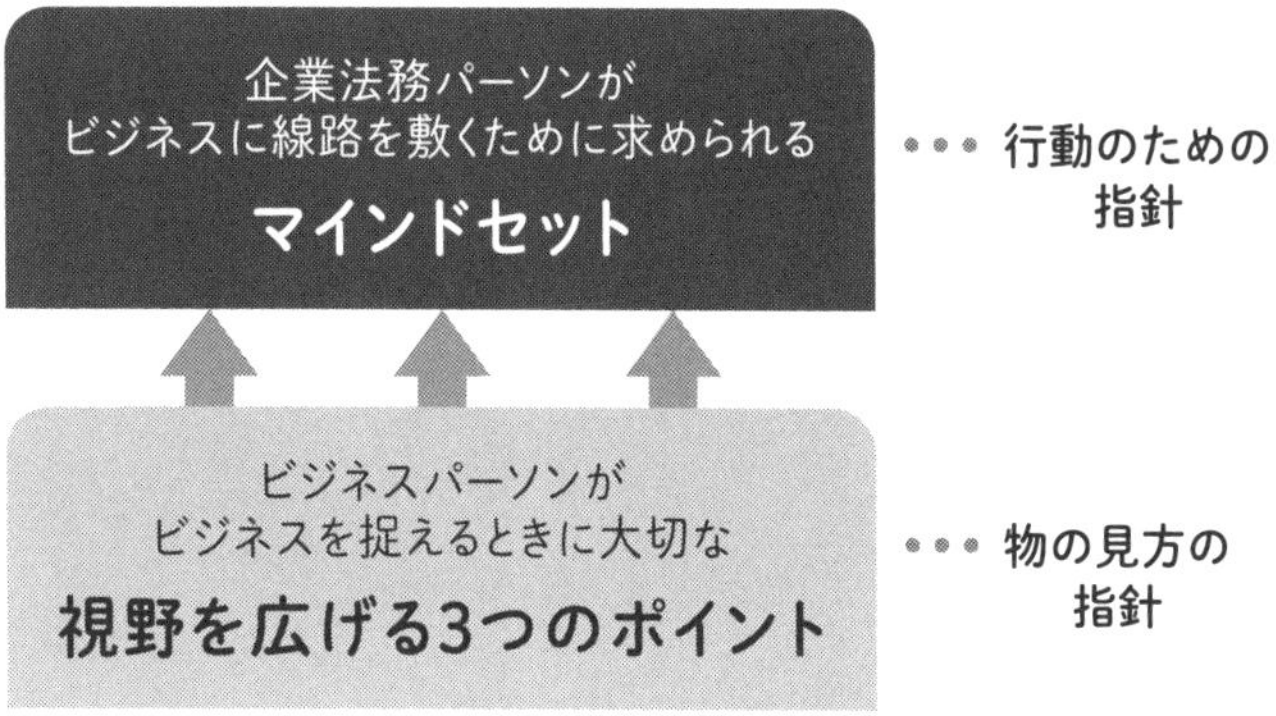

　ここまで述べた三つのポイントを意識してビジネスを捉えることは、あらゆるビジネスパーソンにとって必要なものの見方です。その見方を前提として、さらに企業法務パーソンが果たすべき役割を考えたときに導き出されるのが、これまで述べてきたマインドセットです。つまり、マインドセットとは企業法務パーソンの「行動のための指針」と言い換えることができるかもしれません。それらの関係性を図示すると図4のようになります。

　この視野を広げる三つのポイントを頭に置きながら、これまで述べてきたマインドセットを振り返ると、内容をより深く理解できると思います。

第7章

企業法務の未来を描く

第1節

企業法務の現在地

まえがきで、「こんなに素晴らしい仕事なのに、残念ながら世間の認知度はいま一つ」と書きました。実際、仕事と関係なく初めてお会いした人に、「企業法務」とは何かについて理解してもらうことは、容易なことではありませんでした。いまでも説明には骨が折れます。

組織と人員

しかし、ビジネス現場における企業法務の認知度は、以前に比べると飛躍的に向上し、いまや法務部門は企業にとって重要な部門の一つとなっています。企業法務パーソンによる日本最大の企業横断的組織である経営法友会が二〇一五年に行ったアンケート調査によると、社内に法務専門部署（部・課）を設置している企業の状況は、次のようになっています。(1)

（1）経営法友会 法務部門実態調査検討委員会編著『別冊NBL No.160 会社法務部【第11次】実態調査の分析報告』（商事法務、2016年）、P4

●従業員五〇〇名以下の企業……四六・五％
●従業員一〇〇〇名以下の企業……七〇・五％
●従業員三〇〇〇名以下の企業……七六・九％
●従業員三〇〇〇名超の企業……九三・三％

比較的小規模の企業では、部門としては設置していないまでも、企業法務の担当者を置いている企業は多く、従業員五〇〇名以下の企業においても、企業法務パーソン（兼任担当者を含む）がいる企業の割合は八〇％を超えています。(2)

また、企業法務を担当する者の総数で見ると、前回（二〇一〇年）の調査では七一九三名だったのが、今回の調査では七七四九名となり、約一割程度増加しています。(3)

前回調査からの五年間には未曽有の大災害や政権交代があり、前例踏襲では対応ができなくなるような事業環境の変化がありました。個々の企業に目を向ければ、著名企業による粉飾決算などの不正行為や個人情報の漏洩といった不祥事などもありました。そうしたことを背景に、多くの企業がリスクマネジメント体制の構築やガバナンス体制の見直し、またコンプライアンス活動の強化などを図る必要から、重要な経営インフラとして法務

(2) 前掲書、P4

(3) 前掲書、P21

に思われます。

機能がより強く認識されました。それが企業法務人材の需要の高まりにも表れているよう

業務内容

先ほどのアンケート調査において、「法務部門の役割として重視するものはどのようなものですか」との問い（一一の項目から三つを選択）に対して、最も大きな割合（八九・九％）を占めた回答は、「法律相談・契約審査等を通したリスクの予防」でした。[4] 本書において、「企業法務とはビジネスに線路を敷く仕事である」と繰り返し述べてきましたが、この調査結果も、事業部門の相談に乗り、契約案件を進めていくことが企業法務の主たる役割であることを示しています。続いて、

- 紛争・訴訟への対応（四八・六％）
- 社内教育や社内への情報発信（三六・三％）
- コーポレート・ガバナンスや内部統制への関与（二五・二％）
- 弁護士・関係会社等との法務ネットワークの強化（二二・四％）
- M＆Aや重要案件への対応（二二・三％）

（4）前掲書、P48

●不正・不祥事・事故など危機への対応（二二・〇%）

となっており、[5]実際に企業の法務部門はさまざまな役割を果たしてきていることが分かります。

立法への関与・国からの期待

こうした企業における法務部門や企業法務パーソンの存在感の高まりに呼応して、近年、経営法友会は、国が新しい法律を作ったり法律を改正したりする際に、所管官庁等に対して実務的見地から積極的な提言をしています。また、業界を代表する企業の法務部門の責任者が、法制審議会の部会の委員として招聘されることもいまや珍しくありません。

また、経済産業省は「国際競争力強化に向けた日本企業の法務機能の在り方研究会報告書～令和時代に必要な法務機能・法務人材とは～」（令和元年一一月一九日）を取りまとめました。この報告書からは、日本企業が国際競争に打ち勝っていくには、企業法務のさらなる充実と活性化が不可欠であり、人材育成も含めてあるべき方向性を示すことが必要だとの国の強いメッセージが読みとれます。企業法務が社会において果たすべき役割は国からも大いに注目されているのです。

（5）前掲書、P48

第2節

企業法務の存在価値

AIの進化

今後、社会における企業法務の役割はますます大きくなると考えられますが、一方で、AIの進化を背景に、どのように仕事を進めるか、何に重点を置くべきか、が問われています。

AIの進化といえば、自動運転やビッグデータの活用などを想起されるかもしれませんが、企業法務の世界でも、リーガルテック（Legal-Tech）サービスが急速な勢いで進んでいます。

たとえば、契約書の自動翻訳システムはすでにかなり高い精度で実現されています。また、契約書内容の審査に関しては、一定の類型に属する契約書については、AIが自社の立場からリスクを指摘したうえで、代替案を提示するシステムが実用化されています。

図5　企業法務の4つのカテゴリー

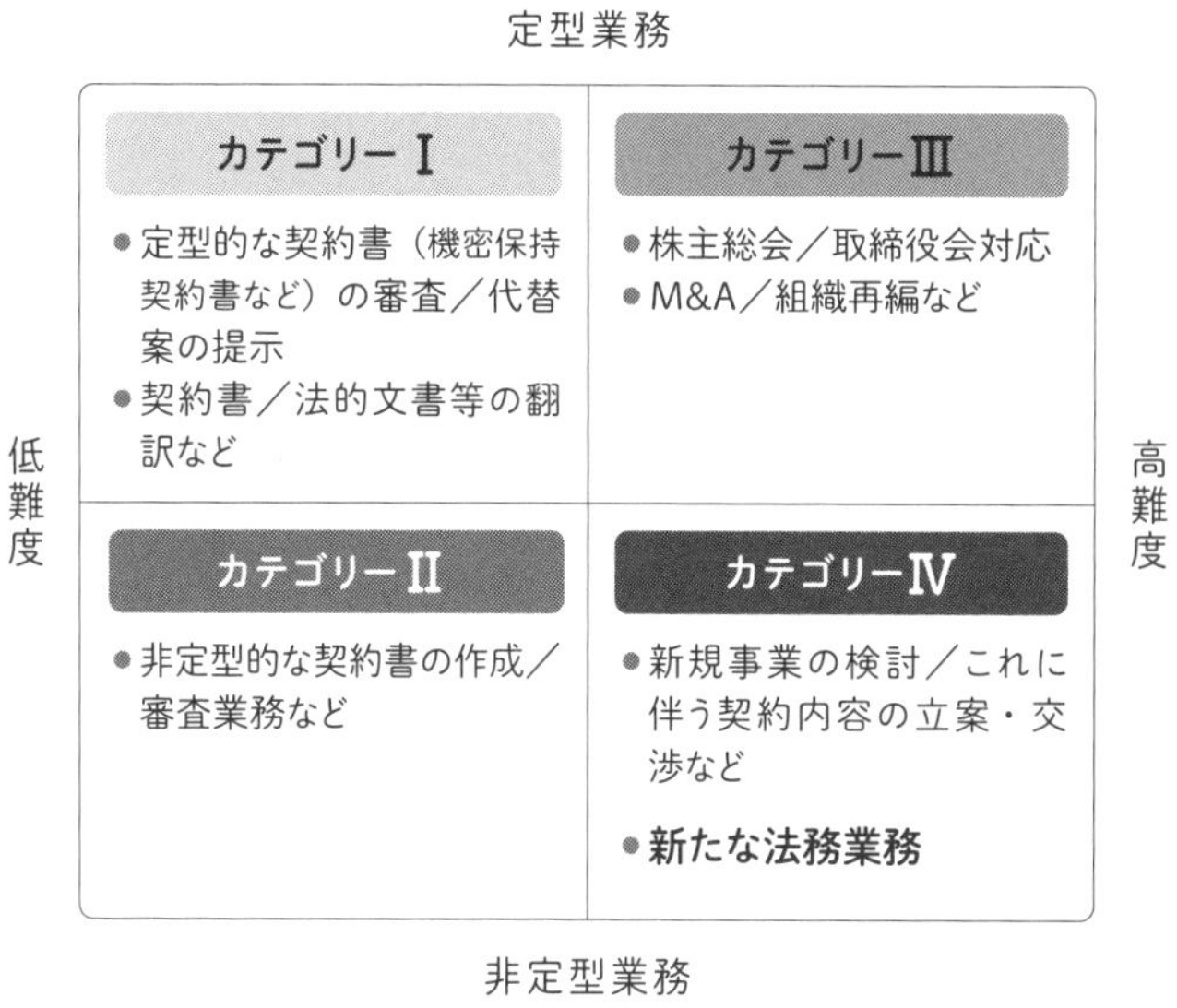

このようなＡＩを活用した業務効率化サービスが、今後さらに進歩していくことは間違いありません。こうした環境の変化を踏まえて、企業法務の軸足をどこにおくべきかを考える必要があります。

四つのカテゴリー

そこで、企業法務の業務を四つのカテゴリーに分け、それぞれの業務がＡＩの進化によってどう変わりつつあるのかを整理してみましょう（図5）。なお、以下の整理は、大きな方向性としてご理解ください。

カテゴリーⅠは、難易度はそれほど高くなく、また作業内容がパターン化され得る業務です。これらの業務は、ＡＩが最も得意とするところで、先ほど述べたとおり、この領域でのリーガルテックの進歩には目を見張るものがあります。今後、カテゴリーⅠに属する業務の効率化はどんどん進んでいくでしょう。

次に、カテゴリーⅡを見てみましょう。これらは、それほど難易度は高くないものの、作業内容がパターン化されるに至っていない業務になります。たとえば、自社の製品やサービス提供に直接かかわらない、新たな勤怠管理システム導入のライセンス契約書のレビューなどがこのカテゴリーに入ります。

こうした業務は頻繁に発生するものではありません。しかし、取引相手からみれば、定型化された契約案件であることが多く、こちらも比較的早い段階で、ＡＩを搭載した契約書の自動レビューシステムによる対応が可能となるでしょう。

カテゴリーⅢは、難易度は高いものの、作業内容がパターン化され得る業務です。たとえば、株主総会業務は会社法等関連諸規定に従って適正に手続きを進めなければなりませんが、この煩雑な手続きを一元管理するシステムがすでに開発されています。また、企業買収などM&Aに関する業務は難易度は高いものの、手続き自体はパターン化されています。加えて、企業買収を専門に扱っている企業や、M&A専門のチームをもっている法律事務所が多数存在することから、今後さらに外注化が進むでしょう。よって、カテゴリーⅢに属する業務についても、今後、より効率化が図られていくものと予想されます。

最後に、カテゴリーⅣについてです。新規事業にまつわる契約検討業務などがこのカテゴリーに入ります。それらは、難易度も高く、作業内容も一定のパターンに収まりにくいものになります。そして、カテゴリーⅣの法務業務は、パターン化が難しいがゆえに、AIを利用したシステムによる効率化は容易ではありません。

例を挙げて具体的に見てみましょう。

ある工作機械メーカーA社は、アパレルメーカーB社と共同で、新型の介護用アシストスーツの開発を行うことになりました。A社の法務部が、この共同開発契約書の起案を任された場合、さまざまな事項の確認から始めることになります。

●なぜ介護用アシストスーツの開発を行うのか？

● なぜB社と組むのか？
● 全体の予算は？
● 開発スケジュールは？
● それぞれの役割および開発費用の分担は？
● 販売・マーケティング計画は？
● 売上げの目標は？

というようなビジネス面の把握から、

● B社と契約を締結した場合、すでに締結している他の企業との契約などに抵触するおそれはないか？
● 今回の開発に影響を与えるような先行する特許技術はないか？

といった法的な問題の確認ももちろん必要になります。

定型化された秘密保持契約書などと比べると、新規事業に関する契約書の起案は、「大体このような条項が必要である」といった予測可能性が小さくなります。予断をもって取り組むと情報収集漏れ・分析漏れが起こり、契約書がビジネスの実態に合っていないということにもなりかねません。それを避けるために、自ずとヒアリング項目は多岐にわたり、話を聞くべき対象者も増え、時間もかかります。

整理すると、カテゴリーⅠからⅢまでの業務は、ＡＩによる効率化や外注などの影響を大きく受けます。なぜなら業務の発生頻度が高く、事例も多いため、類型化が進めやすいからです。一方、カテゴリーⅣの業務は、ＡＩによる影響をそれほど受けないと考えられます。なぜなら、それぞれの事案の特殊性が高く「一点物」となるため、情報の集積による類型化が難しいからです。

私たちが存在価値を発揮すべきところ

以上のような分析を前提にすると、ＡＩが不得手なカテゴリーに属する業務、すなわち、高難度で非定型な業務（カテゴリーⅣ）こそ、これから企業法務パーソンが存在価値を発揮するフィールドとなります。そして、ここで活躍するためには、これまで述べてきたマインドセットをしっかり身につけることが重要になります。

さて、ここで注意しておくべきことがあります。先ほどカテゴリーⅣの業務がより重要になると述べましたが、それはカテゴリーⅠからⅢの業務がすべてＡＩに代替されてしまい、そこでは企業法務パーソンの出る幕がなくなることを意味するものではありません。カテゴリーⅠからⅢに属する業務の中でも、カテゴリーⅣの要素を持つ仕事、すなわち、関係部門からのヒアリングが重いウェイトを持つ仕事などについては依然として企業法務パーソンの活躍が期待されます。

たとえば、新しい取引先から秘密保持契約書を受け取ったと想定してみましょう。受け取った素案には、秘密情報の定義として次のような規定がありました。

> 本契約において、秘密情報とは、甲または乙（以下「開示者」という）が相手方（以下「受領者」という）に対して、書面、口頭その他開示の方法を問わず、開示した一切の情報をいう。……（以下省略）

それに対して、ＡＩが次のような提案をしてきたとします。

秘密保持契約違反となるリスクを低減するために、秘密情報の定義をもう少し限定しましょう。

① 書面による開示の場合は、「秘密」である旨の明示を要求する。

② 口頭による開示の場合は、開示者が、開示後一定の期間内に、開示した情報の要旨を書面にまとめ受領者に提出することを要求する。

代替案の一例：

本契約において、秘密情報とは、甲または乙（以下「開示者」という）が相手方（以下「受領者」という）に対して開示した情報のうち、「秘密」である旨を明示して開示したものをいい、口頭による開示の場合は、開示者が、当該開示から五営業日以内に開示した情報の要旨を書面にまとめたものを受領者に提出した場合のみ秘密情報として取り扱われるものとする。……（以下省略）

このＡＩによる提案をそのまま取引先に返せばよいでしょうか。

この秘密保持契約書は、当事者双方が秘密情報を開示することを予定しています。つまり、自社も取引先に対して秘密情報を開示する可能性があるわけです。

そうしたときに、契約違反となるリスクを下げることのみを考えて、秘密情報の定義を狭めることが、果たして自社にとって良いことなのかどうかを見極めなければなりません。

つまり、

- こちらから取引先に開示する秘密情報にはすべて「秘密」のマーキングがなされているか？
- 情報を開示する度に、「秘密」のマーキングを行うことが可能か？
- 口頭での開示の際には、事後にきちんと要旨をまとめて取引先に提出することが可能か？

などについて、現場からしっかりとヒアリングを行い、状況を把握・考慮したうえで、ＡＩの提案が妥当かどうかを判断しなければなりません。仮に、秘密情報の取扱いの実態を確認して、適切なマーキングや事後の書面化作業が難しい場合は、この提案は見送らなければなりません。結局、ＡＩの提案を受け入れるかどうかの最終的な判断は、人間がやらなければならないのです。

ＡＩがいかに進歩しようとも、ビジネスが人と人とのコミュニケーションの上に形作られるものである以上、ビジネスに線路を敷くという企業法務の仕事の本質に変わりはありません。したがって、本書で紹介してきたさまざまなマインドセットの重要性も、これからも何ら変わるところはないでしょう。

第3節

経営者の視点

キーワードは、ビジネスに線路を敷く仕事

企業法務パーソンの仕事は多種多様です。契約書の起案や審査業務にはじまり、紛争・訴訟への対応、社内向け法務教育、コーポレート・ガバナンスや内部統制への関与、M&Aへの対応、さらには不正・不祥事・事故への対応など。

しかし、企業法務が担うべき仕事はまだまだあると考えています。

ここまで、企業法務の本質は、「ビジネスに線路を敷くこと」だと述べてきました。それは言い換えると、「経営者の視点」で物事を見るということです。営業、調達、研究開発、製造などさまざまな部門の関係を俯瞰して捉えれば、会社全体のためになる仕事はまだまだ見つかるのではないでしょうか。

ここでは、私が法務部門の責任者として実際に取り組んできた仕事を紹介したいと思います。

業務フローの可視化

企業には、開発・製造・販売・調達・マーケティング・人事・経理・財務・ＩＴなど、さまざまな部門があります。そして、ビジネスを適切に進めるために、各部門における業務手順が定められています。

しかし、その手順は必ずしもきちんと書面化されているとは限りません。暗黙知として部門内のみで共有されている場合や、担当者の頭の中にだけ入っている場合も少なくありません。

こうした状況において、複数の部門に関係する新たな業務が発生したと想像してみてください。関連するポリシー、社内規程、手順書などが各部門に散在し、また、書面化すらされていなければどうなるでしょうか。業務全体のフローをだれも把握できないという困った事態に陥ってしまいます。また、トラブルが発生したときには、その部分の業務は自分には関係ないし分からないとなり、問題解決に時間がかかるということが起こりがちです。

こうした事態を防ぐにはどうしたらよいでしょう。

真っ先に思い浮かぶのは、各部門の業務手順を書面化し共有することです。しかし、それでは、各部門の担当者はすべての規程を読み込まなければなりません。それには大変な労力がかかります。

ここでは、業務全体のフローチャートを作成し、業務フローを可視化する方法を紹介します。

図6を見てください。

これは以前に実際の業務で作成したフローチャートを参考に作成したものです。架空の外資系企業 Inter-Health Japan 株式会社（化学品製造販売業。本社米国 Inter-Health Inc.）が、日本で製造するフェイスケア製品に用いる原料を、日本のベンダーから調達するケースを想定したフローチャートの一部です。

図6　業務全体のフローチャートのイメージ

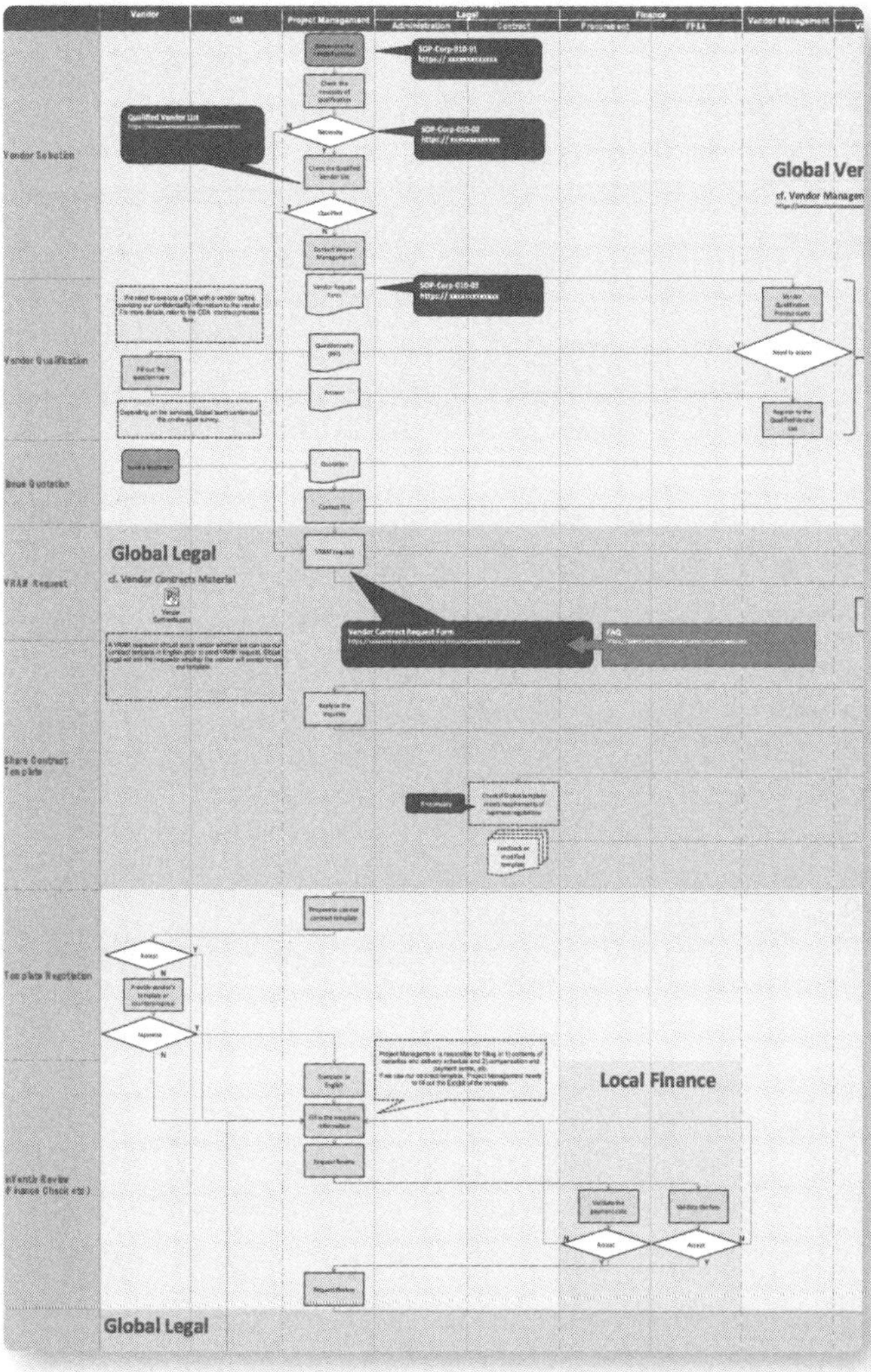

縦軸は時系列を表しています。調達先選定作業に始まり、見積書の取得・承認、契約書のレビューから締結、契約書の原本保管に至るまでの流れが記載されています。一方、横軸は大きく調達先と自社に分かれています。さらに、自社側は国内関係部門と国外関係部門に分かれています。つまり、表全体として、どのタイミングで、だれが責任者となって、何をしなければならないかが、一目で分かるようになっているのです。

そして、このフローチャートの特徴は、表中のハイパーリンクから、参照しなければならない法令や標準業務手順書（ＳＯＰ）にだれでも簡単にアクセスでき、その詳細を確認することができる点です。

このような仕事は、従来の法務業務にはあまり含まれません。しかし、こうした仕事こそ、企業法務パーソンの腕の見せ所なのです。

なぜなら、

① 関係者からヒアリングを行い、業務全体を把握。
② いつ、だれがアクションを起こし、判断をするのかを把握。

③ それぞれのポイントで、どの法律や、規程、SOPが適用されるのかを見極める。
④ そうした規程やSOPを各アクション・ポイントやディシジョン・ポイントに当てはめる。
⑤ だれが、いつ、何をすべきなのかを書面上で明らかにしていく。

という一連の流れは、まさにビジネスに線路を敷く仕事そのものだからです。

こうした取り組みは、現行プロセスの問題点の発見や改善策の立案にも役立つことから、生きたコンプライアンス活動ともいえるでしょう。

「プレイブック」の作成

業務フローの可視化に加えて、ビジネスに線路を敷くという観点から、もう一つ、みなさんに是非取り組んでもらいたい仕事をご紹介します。

それは、「コントラクト（契約）・プレイブック」（以降、プレイブック）を作成するということです。

企業は通常、製品やサービスを販売するために、標準契約書を用意しています。プレイブックとは、その標準契約書をお客様と締結するにあたり発生する契約交渉を、適切かつ円滑に進めるための指針となるものです。

したがって、プレイブックには、次のような事柄が記載されています（図7）。

a　標準契約書の各条項
b　各条文の目的・趣旨
c　想定される、契約相手からのフィードバックや修正要求の内容
d　それらに対して自社がとりうる対応
　承諾の可否（可とする場合の条件。否とする理由）
　代替案（複数ある場合はその優先順位も）
e　代替案を提示する際の承認者

図7　プレイブックの例（遅延損害金条項）

標準契約書各条項	第〇〇条（遅延損害金） 顧客が本契約に定める支払期日までに商品代金の全額を支払わなかった場合、顧客は当社に対し、未払い残額につき、月額1.5%の利率または適用法令下において許容される最大利率のいずれか低い方の割合の遅延損害金を支払う義務を負うものとする。	…
目的・趣旨	商品代金の支払遅延は、経済的には、当社が顧客に対して、資金の貸付を行っていることと同じ意味を持つ。 したがって、資金の貸付の場合と同程度の遅延利息の請求を行う必要がある。	…
想定される相手方からのフィードバック・修正要求	●規定全部の削除 ●民法の規定（404条）に合わせる。	…
当社の対応承諾の可否・代替案および承認者	●原則として、規定の削除は不可。 以下、代替案 ●その時点における一般的な金融機関の貸付金利（無担保）に合わせる。 ⇒　財務部長承認 ●民法の規定に合わせる。 ⇒　財務部長承認 ●上記を超える譲歩 ⇒事業担当役員・財務担当役員決裁	…

プレイブックは、外資系企業ではかなり普及していますが、日本の企業ではそれほどではありません。しかし、プレイブックを用意することには、先ほど述べた契約交渉の円滑化というメリットの他に、二つの大きな意義があります。

一つ目は、こうしたプレイブックがあると、経営上のリスクを適切に管理することができるということです。

たとえば、得意先から、標準契約書に記載されている製品の保証期間を、一年から三年に延長してほしいと要求されたとしましょう。そのような要求に対して、どのような基準で判断すればよいのかをあらかじめ整理したものがプレイブックです。そうした要求はコストの増大につながるので一切受け入れられないのか、一定の条件（たとえば月間最低購入量を増やすなど）で責任者の承認を得れば受け入れることができるのかなど、基準が明確化されることにより、安心して経営が行えます。

もう一つの大きな意義は、プレイブックを作ることを通して、企業法務の仕事の全体像を理解することができるということです。プレイブックを作成するには、

a　会社の基本的な価値観やポリシー
b　組織の全体像と各部門の機能
c　自社の製品やサービスの内容
d　商流（商品・ビジネスの流れ）
e　承認権限を含めた業務プロセス

が分かっていなければなりません。これらは企業法務パーソンにとって必須の知見です。

それを法務部門や契約に関係する部門内で共有することには大きな意義があるでしょう。

第4節

法を創造し、未来へ挑戦する

法創造機能を果たす

企業法務パーソンのオーソドックスな仕事のスタイル（型）は、法曹三者と基本的には同じです。つまり、ある個別具体的な問題に対し、抽象的に定められている法令等のルールを当てはめて、一定の結論を導き出すことです。そこでは、ルールは所与のものであり、これを変更したり新たに作ることは、あまり想定されていません。

しかし、これからの時代、企業法務パーソンの思考は、そこにとどまっていてはいけないと考えています。

企業法務パーソンはビジネスパーソンであることが前提であり、そのビジネスの本質とは、人々の暮らしをより豊かにすることです。言い換えると、実現したい姿を見定め、その姿と現実とのギャップを埋めていくということです。

したがって、企業法務パーソンは、現状と未来とのギャップを埋める作業、つまり新しいものを創出することに大きくかかわります。その際、過去に作られたルールが、新たなビジネスの障害になることもあるでしょう。また、消費者の利益や環境保護などの観点から、新しいルール作りが求められることもありえます。

そう考えてくると、これからの企業法務にとっては「法創造」もとても重要な機能になってくることが分かってきます。

その際、一つの固定観念を取り払う必要があります。それは、「法に抵触することはよくない」という考えです。

もちろん、違法なことを推奨しているわけではありません。しかし、法律が常に正しいわけでもありません。法律が作られたときとは状況が変化し、実態にそぐわなくなっていることもあるでしょう。いまやろうとしていることが既存の法に抵触するということは、社会的に意義のある新しい価値を世の中に届けようとしていることを意味しているかもしれないのです。

ここで具体例を一つご紹介しましょう。

それはインターネットです。いまではだれもが当たり前に使っているサービスの普及の背景には、法律の改正がありました。

検索エンジンが機能するためには、ウェブページを複製する必要があります。しかし、この複製は、ウェブページの著作権者の許諾を得て行われているわけではありませんでした。そこに、著作権法上の問題があったわけです。

この問題を検討するため、所管である文化庁の文化審議会著作権分科会法制問題小委員会にデジタル対応ワーキングチームが置かれました。その構成メンバーには大学教授らのほかに、ポータルサイトを運営している日本の著名企業の法務部門の責任者が名を連ねています。そして、七か月に及ぶ真摯な議論がベースとなって、著作権法の改正が実現しました。この企業法務責任者らによる入念な関係省庁への働きかけや、ワーキングチームでの議論に加えて実施された、各メンバーとの個別の意見交換など、さまざまな努力があって初めて、この法律改正は実現しています。(1)企業法務パーソンが信念と熱意をもって動けば、法律も変えられることを示す良い一例だと思います。

既存の法律やルールではビジネスが前に進まないとき、企業法務パーソンが果た

（1）この法律改正の経緯については、別所直哉『ビジネスパーソンのための法律を変える教科書』（ディスカヴァー・トゥエンティワン、2017年）第3章を参照。

すべき役割とは何でしょうか。それは、「どう変えればいいのか」を見定め、「そのためには何をすればよいのか」を考えて、必要なアクションを取っていくことです。もちろん、法律は一企業のためにあるものではありません。したがって、法律を改正したい、あるいは新たな法律を作りたいと思うならば、その法律の利害関係者（同業他社、業界団体、学者、あるいは担当省庁や国会議員、マスメディアなど）にも働きかけていく必要があります。その道のりは決して平坦ではないかもしれませんが、とてもやりがいのある仕事であることは間違いありません。

こうした動きを後押しするように、近年、国は成長戦略の一環として、「規制のサンドボックス」制度を創設しました(2)。その狙いは、新たなテクノロジー（ドローン、自動運転、フィンテック、AI、IoT、ロボットなど）による事業を推進することです。つまり、革新的技術を実用化するにあたり、既存の法規制が足かせになり、大きなビジネスチャンスが失われることのないよう、安全な実証環境を提供して、技術革新の加速と事業創造を促すことにあります。

（2）2018年「生産性向上特別措置法」施行に伴い、プロジェクト型「規制のサンドボックス」制度が創設された。（https://www.meti.go.jp/press/2018/06/20180606001/20180606001.html）

概要としては、内閣官房に一元化された相談窓口が、事業者からさまざまな計画を受け付けます。そして、事業者に伴走支援を行い、実証データによって弊害がないことを示し、規制改革につなげようという仕組みです。これまで事業者からは見えにくかった各省庁が重視するポイントなどを、内閣官房が「視える化」するこの取り組みは、これまでにない画期的なものです。実際、「電動キックボードのシェアリング」や「ブロックチェーン技術を用いた臨床データのモニタリングシステム」など、多くの新規事業の実証実験がなされています(3)。

新たなビジネスを立ち上げようとするとき、現行の法規制にはどのようなものがあるのか、そして、そうした規制の下ではどのような不都合があるのか。企業法務パーソンにはこれを把握し理解する能力があります。だからこそ、企業法務パーソンは、新たなビジネスを作り上げるうえで、このような制度を上手に活用し、リーダーシップを担うことができるのではないかと考えています。

もちろん、簡単な仕事ではありません。しかし、法を創造するということは、とてもエキサイティングな仕事であり、また努力の結晶が後世に残る仕事と言えるのではないでしょうか。

(3) http://www.kantei.go.jp/jp/singi/keizaisaisei/pdf/underlyinglaw/sandboximage827.pdf

経営者になる

ビジネスに線路を敷くことが企業法務パーソンの使命です。だとするならば、仕事の範囲を、これまでの「企業法務」の枠に限定する必要はありません。

企業法務の仕事に必要な力は、「経営」に直結するものだと私は考えています。その力を、新たな事業の展開や創造に使って、経営者になることも可能だと思います。

実際、私は、企業法務パーソンとしてのキャリアを経て、株式会社新企業法務倶楽部という会社を設立しました。事業目的は大きく二つあります。

一つは、大学生や法科大学院生向けに企業法務の啓発活動を行いつつ、若手企業法務パーソン等の育成を行うことです。

私は三〇年以上、企業法務の現場で働いてきましたが、まだまだ企業法務の一般的な認知度は低いと思っています。企業法務に興味を持ってくれる人の裾野を広げ、優秀な人をこのフィールドに呼び込み育成していくことが、これからの日本経済の発展に不可欠だと本気で思っているのです。この本を著した理由もここにあります。

二つ目の事業目的は、スタートアップ企業やベンチャー企業向けに経営コンサルティングを行うことです。

事業を発展させようとするとき、直面する問題はたくさんあります。頭の中にあるアイデアをビジネスとして形にするにはどうしたらよいだろうか。この製品を販売するための契約書のひな形を作りたいけれど、どのような条項が必要なのだろうか。出資者の期待しているガバナンス体制を作るうえで、会社の役員構成はどのようにするのが適切だろうか、などなど。経営者の悩みを解決するには、企業法務の経験や知識が役に立ちます。彼らの身近な相談相手になることによって、事業の加速を後押しすることも、私の使命であると考えています。

この本で示したさまざまなマインドセットを習得することは、企業法務パーソンとしての自信を高めてくれるでしょう。そして、それは新たな事業を展開したり、創造したりするための力にもつながっているのです。

社会人としてのキャリアを企業法務からスタートしたとしても、かならずしも活躍の場を企業法務に限定する必要はありません。むしろ、企業法務パーソンが起業するなど、多様なキャリアを展開し、さまざまな分野で活躍することは、その人自身の人生を豊かにするだけではなく、日本における企業法務のより大きな発展につながると考えています。

あとがき

私の父は昭和六年に、奄美大島で生まれました。一〇人兄弟の五番目で四男坊。学校を卒業しても島にいてはほとんど仕事がありません。ほどなく父は沖縄にわたり、イギリスの軍艦（サルベージ船）に乗り、沖縄戦で沈んだ船を引き上げる仕事に従事。その後、奄美諸島が日本に復帰した二年後、二四歳のときに神戸にわたり、いくつかの職場を経験したのち三〇歳で独立。ケミカルシューズを縫製する事業を興しました。

当初はいざなぎ景気もあり順調でした。しかし、その後の二度にわたるオイルショックや阪神淡路大震災による自宅兼工場の全壊。さらに、長期にわたるケミカルシューズ業界の低迷といった事業をとりまく環境は、小さな町工場にとって決して生易しいものではなかったと思います。

しかし、そのような状況の中でも、家族と従業員を守るために毎日朝早くから夜遅くまでミシンを踏み続ける父の背中は、とても頼もしいものでした。

私はそうした父の生き方から二つのことを学びました。

一つは、まじめに懸命に働くことの尊さ。もう一つは、事業を通じて人々に笑顔をもたらし、社会に貢献することの素晴らしさです。

昭和二七年頃、神戸・長田の街で誕生したと言われるケミカルシューズ。当時はまさしくトレンドビジネスだったでしょう。女性がその足元を色鮮やかな靴で飾り、笑顔で街を闊歩する姿は、戦後の復興を示す一つの象徴だったかもしれません。父はそうしたビジネスに携わり、社会に貢献できることに喜びと生きがいを感じたからこそ、苦労を厭わず八七歳まで現役でミシンを踏み続けたのだと思います。

このように新しい商品やサービスが開発され世に送り出されることによって、人々の暮らしは豊かになっていきます。そして、新たな商品やサービスと市場とをつなげるには、ビジネスに線路を敷くことが必要です。その担い手として、ビジネスと法を熟知したハイブリッド人材である企業法務パーソンが求められるのです。そしてその需要は、ビジネスのグローバル化や高度化が進めば進むほど高まってくることでしょう。

この本を読んでくださったみなさんが、人々の暮らしをより豊かなものにすることを胸に、企業法務のプロフェッショナルとして活躍されることを期待しています。また、その過程で培った「ビジネスに線路を敷く力」を武器に、よりよい社会の実現に貢献し、素晴らしい人生を歩まれることを心から願っています。そのような方が一人でも出てきたとすれば、これに勝る喜びはありません。

私はみなさんの今後のご活躍を心から願い、そして応援し続けたいと思っています。

謝辞

この本の出版は、多くの方々のご支援がなければ到底なしえませんでした。

「企業法務に関する本を書きたい」という唐突かつ不躾な話に耳を傾けていただき、英治出版様をご紹介してくださった株式会社Ｄ代表取締役の上原正義様。

ご多忙の中、拙い原稿をお読みいただき、多角的な視野から多くの貴重なアドバイスをくださいました、明治学院大学名誉教授の河村寛治様、元花王株式会社執行役員の杉山忠明様。本の執筆の過程で見えてきた考えやアイデアを記事にして公にする機会をくださった、第一法規株式会社『会社法務Ａ２Ｚ』副編集長の井原一道様。

三年余りの長きにわたり遅筆な私を励まし続け、何度も何度も原稿を読み、指摘をくださり、アイデアを引き出してくださった英治出版株式会社の平野貴裕プロデューサー、高野達成編集長。

そして私の企業法務人生を助け、この本の基礎となるさまざまな経験と教えを与えてくださった多くの上司・同僚の皆さま。

本当にありがとうございます。深く御礼申し上げます。

そして最後に、かけがえのない最愛の家族に心からの感謝を述べ、結びとさせていただきます。

二〇二一年九月　登島和弘

◉著者略歴

登島和弘（としま・かずひろ）

株式会社新企業法務倶楽部 代表取締役（https://www.shin-kigyo-homu.com）
1961年神戸市生まれ。中央大学法学部法律学科卒業後、スタンレー電気㈱総務部庶務課法務係、日本ディジタルイクイップメント㈱法務本部法務部、日本AT&T㈱契約部第二契約課長、松下冷機㈱法務室主事、セジデム㈱コーポレートサービス部統括部長・法務部長兼任、エンゼルプレイングカード㈱知的財産権室室長、サイネオス・ヘルス(同)アジア太平洋地域法務責任者を経て、現職。
国際取引法学会会員・(一社)GBL研究所会員・中央大学真法会会員。

30年以上にわたり国内・国際法務の最前線で活躍。スタートアップ時の外資系企業において法務部門の立ち上げを成功させるなど、法務部門の管理職としても20年以上のキャリアを持つ。
2020年4月、ビジネス・オリエンテッドな企業法務の推進を掲げ、株式会社新企業法務倶楽部を設立。広く企業法務の啓発活動を行いつつ、若手企業法務担当者の指導・育成に従事。さらに、ベンチャー企業を中心に経営コンサルティングにも力を入れている。

法学部生・法科大学院生・若手企業法務パーソンの皆さま、
ほか企業法務にご関心のある皆さまへ
本書を読まれたご感想・ご意見を是非お聞かせください。
また、株式会社新企業法務倶楽部では、企業法務に関する各種セミナー、勉強会、交流会などを随時開催しています。ご関心がございましたら、下記までご連絡ください。

株式会社新企業法務倶楽部　登島和弘　（contact@shin-kigyo-homu.com）

ここからはじめる企業法務
――未来をかたちにするマインドセット

発行日　2021年10月14日　第1版 第1刷

著者　登島和弘（としま・かずひろ）
発行人　原田英治
発行　英治出版株式会社
〒150-0022 東京都渋谷区恵比寿南
1-9-12　ピトレスクビル4F
電話　03-5773-0193
FAX　03-5773-0194
http://www.eijipress.co.jp/

プロデューサー　平野貴裕
スタッフ　高野達成　藤竹賢一郎　山下智也
鈴木美穂　下田理　田中三枝
安村侑希子　上村悠也　桑江リリー
石﨑優木　山本有子　渡邉吏佐子
中西さおり　関紀子　片山実咲　下村美来

装丁　山之口正和＋沢田幸平（OKIKATA）
印刷・製本　中央精版印刷株式会社
校正　株式会社ヴェリタ
DTP　和田文夫

ISBN978-4-86276-271-9　C0034　Printed in Japan

repicbook

堀江貴文と

宇宙に挑む

民間ベンチャー企業の

勇敢な社長たち

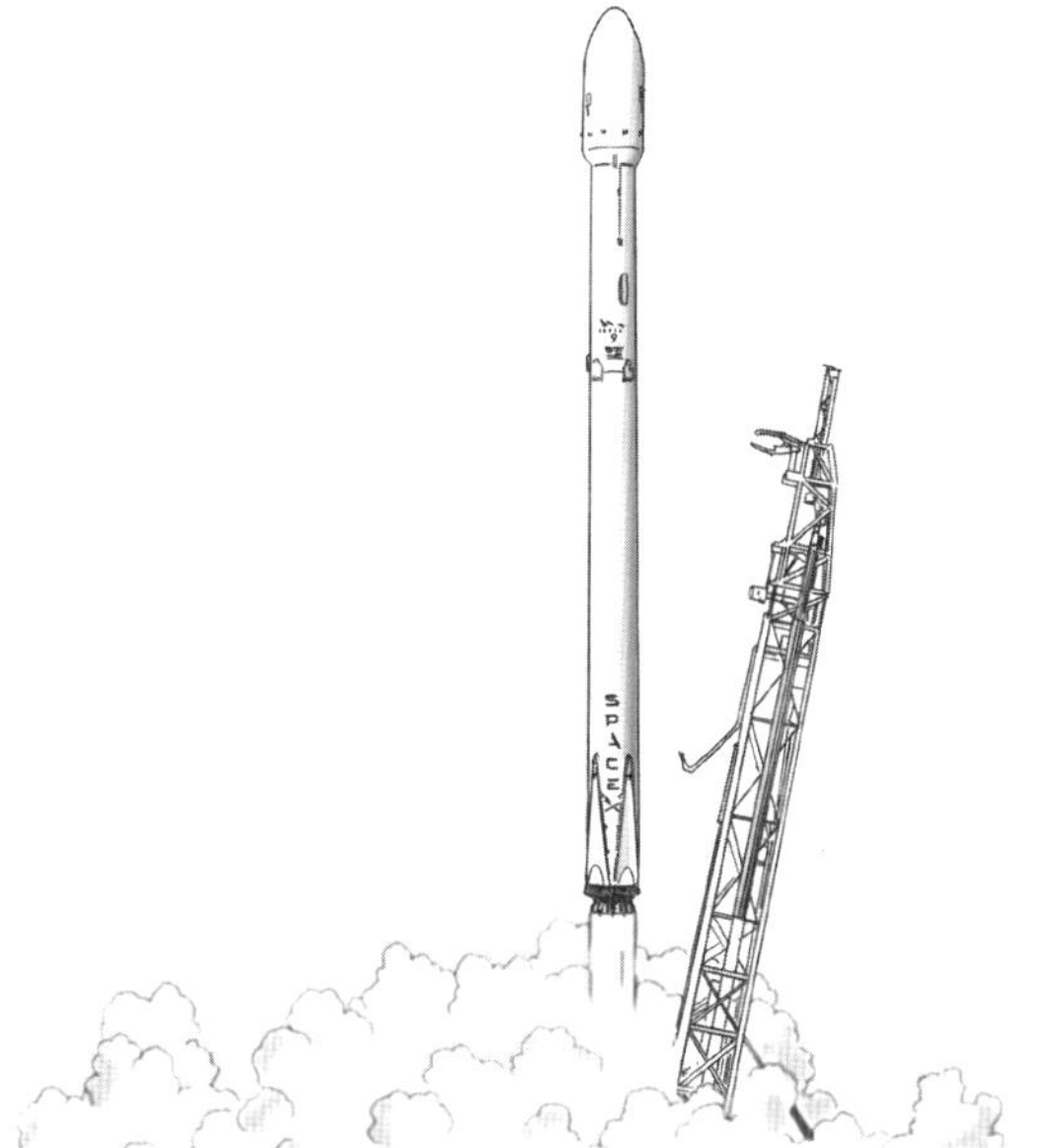

すわべしんいち

はじめに

技術オリエンテッドに経営者目線がないと宇宙開発で生き残れない

宇宙開発というと、先端技術を武器に事業を展開する技術オリエンテッドな企業を連想する。しかも日本は技術大国として成功した歴史があるからか、技術第一主義になりがちな傾向にある。しかし事業を成功に導くには、次のような経営者としての視点や考え方が必要であると私は思う。

・市場は育ってきているのか？
・差別化できる技術を保有しているのか？
・ビジネスモデルとして成立するのか？

この3つのバランスが重要なのである。

しかもＩＴ起業家など若手経営者が次々と成功を収めたことで、事業において豊富な経験はさほど意味を持たないということが証明されてしまった。

今回取材した社長たちもこの分野では未経験者ば

宇宙のようなフロンティアへの挑戦は全員がゼロからのスタートである

かりだ。宇宙のようなフロンティアに勇敢に挑戦し、覇者を目指す民間ベンチャー企業の社長は、全員がゼロからのスタートであり、当たり前だが、民間企業初、日本初、世界初の称号を目指すことになる。

想像するに、5年前に本書を出版していたら、単なる夢物語だと一蹴されていたかもしれない。しかし今では、スペースXが民間企業として人類史上初となる有人宇宙飛行に成功するなど、宇宙開発は劇的に進歩した。しかも、民間宇宙ベンチャー企業の資金調達がニュースになるほど、宇宙へのチャレンジは実現可能な域にまで達してきている。まさに市場は育ってきたのである。

そして5年後には、より大きなパラダイムシフトが起きていることであろう。本書で紹介しているベンチャー企業が、日本の『民間宇宙ベンチャー企業の先駆け』として、金字塔を打ち立てているからである。

インターネットの誕生により、アマゾンやGoogle、Facebookといった大企業やカリスマ経営者が生まれたように、宇宙産業というフロンティアでも、近い将来大きな成功を収める者たちが現れるはずである。そしてその中には、必ずや日本の企業が名を連ねるであろうことを私は信じて疑わない。

CONTENTS

堀江貴文

インターステラテクノロジズ株式会社ファウンダー

動き始めた民間主導型宇宙ビジネスビッグバン

アポロやスペースシャトルを見て育ったＩＴ長者たちが、自らの資金で宇宙ビジネスに挑戦したり投資したりすることは、世界的にみれば決して珍しいことではない。PayPal の共同創業者であり、アメリカのシリコンバレーを拠点に電気自動車を開発・販売しているテスラの共同設立者兼ＣＥＯでもあるイーロン・マスク氏は、民間企業として人類史上初となる有人宇宙飛行に成功したスペースXを設立した。

アマゾンの創業者ジェフ・ベゾス氏は、サブオービタル宇宙旅行を目指すブルー・オリジンを設立。Facebook のＣＥＯマーク・ザッカーバーグ氏は、超高速小型探査機『ナノクラフト』を開発し太陽系以外の惑星および生命体を探索する地球外知的生命体探査（ＳＥＴＩ）プロジェクトに投資している。この他にも、Google の共同創業者の一人ラリー・ペイジ氏が小惑星鉱業を目指すプラネタリー・リソーシズに投資したり、ビル・ゲイツ氏と共同でマイクロソフトを創業したポール・アレン氏が、バート・ルータン氏の設立したスケールド・コンポジッツ社に Ansari X Prize 挑戦のための資金を提供したりしている。

そんな中、日本で宇宙産業に注目し、投資を続けている数少ないＩＴ起業家がいる。堀江貴文氏である。宇宙ベンチャー企業インターステラテクノロジズを創業するなど、これまで宇宙事業に投じた私財の額は60億円にものぼるという。

「アメリカの起業家たちは、技術オリエンテッドという点で自分と似通っていると思います。僕らにとっては宇宙もＩＴも同じ技術オリエンテッドの対象で、ＩＴも技術オリエンテッドという観点から注目したにすぎないわけです。そういう意味では、次のビジョンとして宇宙を目指すことは、全員の共通認識なわけです。しかも僕らはほぼ同世代で、アポロ計画の後期に生まれ、物心つくころには人類が月に行っていた時代を生きてきている。だからこそ、誰も行ったことのない宇宙というフロンティアに憧れている部分が絶対にあると思います」

技術オリエンテッドとは、『技術志向』『技術第一主義』という意味だが、堀江氏が語るように、彼自身もイーロン・マスク氏もエンジニア出身の起業家である。実はApple、Google、Facebook、テスラなど、世界的に有名な技術系リーディングカンパニーは、エンジニアが創業している例が多い。そのためかアメリカの多くの企業は、宇宙空間がインターネットに次ぐ有望なフロンティアであると認識しており、市場参入に積極的なのである。しかもこの世代は、Appleの共同設立者の一人スティーブ・ジョブズ氏の影響を多分に受けていると、堀江氏は分析する。

「ITの世界からプロダクトの世界に移った起業家たちは、スティーブ・ジョブズを見て育ってきているためか、機能美という〝こだわり〟に対し強い思い入れがあると思います。しかもスティーブ・ジョブズがAppleから追い出されたときに作ったNeXTコンピューターが、後にiPhoneへと引き継がれたように、ストーリーを生み出すことの大切さというか、点と点の新たなつながりを見つけることがイノベーションへとつながった現実を目の当たりにしたわけです。そう考えると、我々がいま取り組んでいる宇宙への挑戦は、点を生み出すための第一歩を踏み出したにすぎないことがわかるはずです」

これはスティーブ・ジョブズ氏が2005年にスタンフォード大学の卒業祝辞で述

べた有名な〝Connecting The Dots〟の言葉の引用だが、イノベーションにつながるような新たな発見にはConnecting The Dotsが重要だと、堀江氏も考えていることの表れである。

スティーブ・ジョブズ氏は、「先を見通して点をつなぐことはできない。振り返ってつなぐことしかできない。だから将来何らかの形で点がつながると信じることだ。何かを信じ続けることだ。直感、運命、人生、カルマ、その他何でも。この手法が私を裏切ったことは一度もなく、そして私の人生に大きな違いをもたらした」とスピーチしている。

実は堀江氏も近畿大学の卒業式のスピーチで「未来を恐れず、過去に執着せず、今を生きろ」という言葉を贈っている。いま熱中して、寝る間も惜しんで一生懸命に取り組んだことだけが、結果的に将来に役立つかもしれない。〝今を生きろ〟という言葉の意味は、スティーブ・ジョブズ氏のいう〝Connecting The Dots〟のDotsなのだ。「将来の役に立つかもしれない」「将来につながるかも」など先のことは一切考えないで、いまやりたいことを集中してやる。好きなことがあるのならば、没頭して取り組むことが成功への近道というわけだ。

「２００４年にスペースXのファルコン１に搭載されたエンジンの地上燃焼実験の成功を知り、民間でもロケットエンジンの開発ができると確信しました。イーロン・マスクと会ったのは、その直後でしたが、Xプライズ財団の創設者でありCEOのピーター・ディアマンディスが、『NASAが数千億の予算を掛けて設計していたロケットエンジンを、彼はたったの数十億で作ってしまったんだよ』と、イーロン・マスクのことを絶賛していたのを覚えています。一歳年上で離婚経験もあり、Xプライズ財団の理事をしていた同士でもある。イーロン・マスクと僕とは共通点が多いかもしれないですね」

イーロン・マスク氏は『オタクっぽい人』という印象だったという。

２００２年に設立したスペースXが、こんなにも短期間で地上燃焼実験に成功した背景には、ロケットエンジンの開発がまったくのゼロベースではなく、アポロ計画の月着陸船に使われていたエンジン技術を応用したことにあったと堀江氏は強調する。

スペースXが開発した推力３トンのロケットエンジンには、ピントル型インジェクタが搭載されているのだが、この技術はアポロ計画の月着陸船に使われていたものの、スペースシャトルに切り替わってからは使われなくなった過去の技術だったのである。

イーロン・マスク氏は、スペースXを創業するときにピントル型インジェクタの技術を保有していたTRW社のメンバーを誘っている。アポロ計画以降、見捨てられていた技術に注目し、復活させることで、短期間で安いロケットエンジンの開発に成功したというわけだ。

ちなみにピントル型インジェクタは、9年ぶりにアメリカで有人宇宙飛行を実現させた宇宙船『クルー・ドラゴン』を打ち上げたロケット『ファルコン9』に使われているマーリンエンジンにも搭載されている。また、堀江氏がファウンダーであるインターステラテクノロジズ株式会社の観測ロケットMOMOのロケットエンジンにも搭載されている技術なのである。

「イーロン・マスクのことは強烈に応援したいと思っています。自分もロケットエンジンの開発を行っているからわかるのですが、イーロン・マスクの先進性と実現力は、尋常じゃないくらい高いわけです。あれだけの資金力と人材プールを構築できる推進力は、真似しようにも真似できるレベルじゃない。正直、自分もロケット開発を行っている以上、少しでも彼を焦らせることができたらと思っています」

北海道大樹町の発射場から打ち上げた観測ロケット『宇宙品質にシフトMOMO3号機』は、高度113・4キロメートルという、民間企業単独としては日本で初めて宇宙空間に到達した。世界的にも民間開発の液体燃料ロケットが宇宙に到達した例としては4社目となる一方で、幾度となく失敗も経験している。しかしこれらは「打ち上げ実施レベルをアップするための意味のある失敗であり、チームとしては確実に成長している」と、堀江氏は前向きにとらえている。それほどロケット開発は難しく、歴史が長い分、技術の継承が途絶えてしまったりと、多くの問題を抱えているのだ。

「ロケットの開発をしていると、従来のやり方で『これってなんで必要なんだろう？』というポイントがときどきあります。無視しても良いのか、採用しないと駄目なのかの判断がかなり難しく、一見、無意味だと思っていることにもちゃんとした理由があったりするんです。誰かがたまたまやっただけなのか、本当に必要なものなのか、その区別に迷いますね。でもコストを削減していくには、そういうグレーな部分を明確にしていくことが大切で、そこを含めて新しいロケットエンジンの挑戦は難易度が高くなるわけです」

ＪＡＸＡ（宇宙航空研究開発機構）と三菱重工業が次期基幹ロケットとして開発中のＨ３ロケットには『ＬＥ－９』という新型エンジンが使用される予定だが、ゼロからの開発ではない。Ｈ－ⅡＡ、Ｈ－ⅡＢロケットの２段目に使っていたエンジン技術を１段目に使用しているのだ。このように新しいロケットエンジンは、前身のエンジンを継承しつつ、改良を積み重ねた結果の上に成り立っている。だからこそゼロから開発しようとすると、隠れた落とし穴にはまり、困難を強いられるのである。

実はイーロン・マスク氏のスペースＸも、３回連続で失敗しており、ギリギリの修羅場を潜り抜けていまがあるのだ。

「スペースXの最初のロケット『ファルコン1』は3回連続で失敗しています。しかも、スペースXとほぼ同時期に設立した電気自動車のベンチャー企業テスラの業績が思わしくなく、経営難の苦境に陥っていたため、そちらにも資金をつぎ込まないとならない。そんなこともあり、この3回の失敗でイーロン・マスクの資金は底をつきかけていたそうです。実際、残された資金で打ち上げられるロケットは、あと1機だけだったと、後に彼自身も語っているんですよね。4回目の打ち上げのとき、社員全員が四葉のクローバーのロゴを胸に付けていたのは有名な話で、失敗すればこれが最後の打ち上げになることを全員が知っていたわけです」

ファルコン1は、スペースXが開発した二段式の商業用打ち上げロケットである。記念すべき最初の打ち上げは、2006年3月24日に行われた。結果としては、打ち上げ約33秒後にエンジンが停止、約59秒後に海に墜落してしまう。

2回目の打ち上げは、最初の打ち上げから約1年後。今回は前回のような完敗ではなかったが、高度100キロメートルを超え宇宙空間には到達するも、第2段が軌道に乗ろうとしたタイミングでエンジンが止まってしまう。

スペースXはここまでで約2億米ドル（1米ドル＝110円の換算レートで220億円）の資金を食いつぶしたという。

そこから約1年半を経て、3回目の打ち上げを行うが、またしても失敗。第1段ロケットが第2段ロケットに激突してしまい、ロケット上部とエンジン自体が損傷してしまったことが原因だった。この時点で、イーロン・マスク氏のポケットマネーだけでなく、出資元のシリコンバレーのベンチャーキャピタルからの投資も底をついたという。

そして2008年、最後になるかもしれない運命の4回目の打ち上げに臨み、見事に成功を勝ち取ることになる。しかも、3回目の打ち上げ失敗からわずか1か月後のことである。過去に3回も失敗しているため、このときはどこからも積載依頼はなく、スペースX側が自ら用意した仮の荷物を積んでの挑戦だったという。しかも3回目の打ち上げからの変更点は、第1段ロケットと第2段ロケットの切り離し時間のみで、他は一切変更のない仕様での挑戦だった。

「ファルコン1の4回目の打ち上げ成功から、スペースXの快進撃が始まるわけですが、これにはアメリカの方針転換が大きかったと思います。スペースシャトルのチャレンジャー号とコロンビア号の2度の事故があり、ISS（国際宇宙ステーション）の建設完了とともに、ブッシュ大統領がスペースシャトルの退役宣言をしたのが2004年でしたから。この決定に基づいて、NASA（米国航空宇宙局）はISSへの物資と人員の輸送手段の確立を目的にCOTS計画（商業軌道輸送サービス）を開始しました。このプログラムは、これから頑張って作られるであろう宇宙船に対し、先払いで投資してもらえるため、ベンチャー企業にとっては非常に利用しやすい制度なわけです。これがあったからこそ、イーロン・マスク率いるスペースXは、ファルコン9というロケットを作ることができたといっても過言ではありません」

スペースXがCOTS計画に採用されたのが2006年8月。これにより2億7800万米ドル（1米ドル＝110円の換算レートで305億8千万円）の契約金を受け取ることになるのだが、スペースXの財務内容は、まだまだ危機的状況だったという。

しかしこの後、スペースXはギリギリのタイミングでNASAから合計12回分の

ＩＳＳへの商業貨物輸送契約の獲得に成功する。これにより２００８年12月、16億米ドル（１米ドル＝１１０円の換算レートで１７６０億円）を手に入れることができたのだ。

「日本政府にもＣＯＴＳ計画のような取り組みを期待しています。アメリカが成功していることを後追いするだけですから簡単なことです。要するに、国が巨大な宇宙計画を立ち上げ、宇宙輸送システムの開発に巨額の補助金を与える。しかも技術には口を出さず、あくまでサービスの提供を受けるという立場に徹する。スペースＸの成功を見れば、日本でロケットを産業として立ち上げるには何が必要なのかは明白です。いまやらないと、日本経済は将来的に世界の負け組になる可能性が高いのです」

２０１０年６月、スペースＸはファルコン９の打ち上げに臨み、１回目にして見事に成功を収める。ファルコン９は、人工衛星の軌道投入や有人宇宙船のクルー・ドラゴン、貨物を輸送するカーゴ・ドラゴンを宇宙に運ぶための大型ロケットである。１段目にはマーリンエンジンを９基束ねており、同じエンジンを大量生産することでコストを下げている。

続く2012年5月22日には、ファルコン9から送り出されたカーゴ・ドラゴンが、民間企業史上初となる宇宙船のISSドッキングに成功。この頃には、スペースXの従業員は2000人を超え、NASAとの契約総額も40億米ドル（1米ドル＝110円の換算レートで4400億円）を超えるなど、世界を代表する宇宙企業に成長していた。

そして2020年5月31日、ファルコン9を使用して、クルー・ドラゴン宇宙船が二人の宇宙飛行士を宇宙へと運び、民間企業による人類史上初となる有人宇宙飛行に成功。その後、ISSに無事ドッキングし、歴史にその名を刻むことになる。

「有人宇宙船にはスペースシャトルの失敗もあり、打ち上げから帰還するまでのすべてのシーケンスにおいて、緊急脱出システムを組み込まなければならないという厳しいルールが設けられています。たとえばアポロ宇宙船やソユーズ宇宙船には先端に棒のような小型の固体ロケットを装備していました。ロケットに問題が発生した際にはこの固体ロケットに即座に点火して、宇宙船をロケットから引き離して脱出することができたのです。一方、クルー・ドラゴンには従来の方法とは異なり、底面に8個のスーパードラコという簡単に点火ができるエンジンシステムを組み込みました。緊急の際にはこの8個のスーパードラコに点火することで脱出できるわけです。また、8個も組み込まれているため、たとえ1個が壊れたとしても問題なく脱出できるなど、非常に優れた緊急脱出システムになっているのです」

宇宙開発には官民のパートナーシップが必要不可欠

スペースXとCOTS計画の関係は、官民のパートナーシップが理想的に機能した例である。日本にも日本版COTS計画が必要であると堀江氏が唱える理由に、中国やインドといった強力なプレーヤーが参入してきた背景がある。

ISSの建設を始めた頃は、アメリカ、ロシア、日本、ヨーロッパが宇宙先進国と呼ばれ4極体制であったが、いまや年間の打ち上げ回数などでは中国がトップを走っているような状況である。しかも宇宙空間の商業利用は有人宇宙分野へと拡張しており、今後、より加速していくことが予想されている。

「我々は、超小型人工衛星を地球周回軌道に投入するためのロケットZEROの開発において、低コストエンジンの共同研究や角田宇宙センターでの試験設備の供用、エンジニアの受け入れなどで、JAXAから技術支援を受けています。現在は小型の人工衛星の打ち上げは需要が多く、世界的に見てもロケットが足りていない状況です。ZEROの商業化が一刻も早く実現するには、JAXAとの共創活動が必要不可欠であると考えたわけです」

JAXAとインターステラテクノロジズとのパートナーシップは、『宇宙イノベーションパートナーシップ（J-SPARC）』により実現できた。民間企業とJAXAとの間でパートナーシップを結び、共同で新たな発想の宇宙関連事業の創出を目指す新しい研究開発プログラムである。これにより、民間ビジネスを出口とした研究開発に取り組むというJAXAの役割が明確になったともいえる。

「ZEROを打ち上げた瞬間に、世界の宇宙ビジネス市場におけるインターステラテクノロジズの評価は一変するはずです。それは、資金調達の広がりも意味しており、そこまで行けばロケット開発も一気に大型化まで進めると思っています。スペースXがファルコン1を打ち上げたのが2008年、大型化したファルコン9を打ち上げたのが2010年になりますが、我々も同様のタイムラインで大型ロケットを作れるはずだと考えています」

日本にとって宇宙産業は非常に有望で、世界に勝てる数少ない産業である。しかもベンチャー企業と宇宙産業とは相性がいいと堀江氏は考えている。その理由として、「失敗が許される」ことを力説する。

「JAXAは国家事業として税金を使っているため、絶対に失敗ができないわけです。そのため基本設計をあまり変えられない。最新のH-ⅡAロケットも基本設計は古く、前身のロケットを継承しつつ、改良を積み重ねて成り立っています。しかしスタートアップしたてのベンチャー企業であれば、失敗を恐れず、新しい設計のロケットを種々試すことができるわけです」

これには、日本国内の資金調達市場が成熟してきたことも追い風になっている。ベンチャー企業への投資は盛んで、ネット関連企業に数十億円が投資されることも少なくない。最近ではベンチャーキャピタルが組成するファンドに機関投資家も加わるようになり、ファンド規模も拡大している。「ネット企業への投資もいいですが、宇宙産業にももっと目を向けてほしい」と堀江氏は力説する。

「残念ながら、ネットベンチャーは海外勢が非常に強く、日本企業が進出しても成功は難しい状況です。今後、日本が世界で戦える分野は、ロボティクスか宇宙の分野しかないとさえ言えます。しかも宇宙産業の市場は確実に伸びるとされており、僕は優位性の高い日本なら、確実に宇宙産業で世界のトップを獲れると確信しています。実際、宇宙産業で日本と競争できるのは米国と中国ぐらいしかなく、フランスも実力はありますが、発射場が南米のフランス領にあるため移送コストなどの問題を抱えています。とにかく日本にとって今がチャンスなのです」

日本がロケットの発射場において地理的に有利なことは、インターステラテクノロジズ株式会社の章（52ページ）で詳しく説明しているため、そちらを参照してもらいたい。その他にも、日本はロケット部品の国内製造能力が高く、すべての部品を国内調達できるという大きな強みもある。ロケットの部品を海外から輸入すると、輸入や移送にコストがかかるだけでなく、煩雑な税関手続きなども発生し、低コストのロケットを量産するには不利になるのだ。

「現在、日本の産業を牽引している自動車産業も、今後は電気自動車や自動運転車の普及により、産業構造自体が変わってしまう恐れがあります。これだけ大きな産業が変化してしまうと、自動車業界に携わる人の雇用にも関わってくるわけです。実際に車のエンジンを見るとわかりますが、実にたくさんの部品で構成されています。これが電気自動車に変わったら、部品点数含め、産業の裾野が大きく変化してしまうことになるのです」

いまの日本には、世界に対抗できるテクノロジーが見当たらない。そのような状況だからこそ、世界的に有人商業サービスへと舵を切りつつある宇宙産業へ、民間ベンチャー企業の参入を期待したいのである。

これまで日本は、有人商業サービスを避けて通ってきた。しかし一方で、ＩＳＳにしても２０２４年以降は民間に移管され、商業ベースでの利用に変わっていく見込みである。もしかしたら新たな宇宙ステーションが民間企業によって建設されるかもしれない。

また、天宮2号に代わる中国の宇宙ステーションをはじめ、その頃には人間が滞在できる施設が軌道上にいくつも存在していることも予想される。しかも月軌道を周回する有人の宇宙ステーション『ゲートウェイ』計画も発表されており、有人商業サービスは、今後爆発的に成長する分野なのである。

このような背景から、日本としても有人商業サービスは早急に取り組むべき課題であり、日本が保有する先端的な技術を提供することで、人類への貢献を果たすべきである。事実、堀江氏も有人商業サービスを目指しており、有人宇宙飛行はインターステラテクノロジズの原点であり、最終目標なのである。

インターステラテクノロジズ株式会社

代表取締役社長　稲川《いながわ》 貴大《たかひろ》

超小型人工衛星などを宇宙空間に運搬する軌道投入用ロケットZEROや観測ロケットMOMOを独自開発することで、『誰もが宇宙に手が届く未来をつくる』をミッションに、世界一低価格で便利なロケットの打ち上げを目指す。

はじまりは風呂場から

『宇宙のまちづくり』として有名な北海道の大樹町を拠点に活動するインターステラテクノロジズ株式会社。本書巻頭で宇宙への熱い想いを語る堀江貴文氏が創業メンバーとして参加していることは広く知られている。同社が開発した観測ロケット『宇宙品質にシフトＭＯＭＯ３号機』は、高度１１３・４キロメートルという、民間企業単独としては日本で初めて宇宙空間に到達したエポックメイキング（新時代を切り開く）なロケットである。実は世界的にみても、民間開発の液体燃料ロケットが宇宙に到達した例としては４社目で、米国以外では初の快挙となる。まさに日本の宇宙開発史の１ページに名を刻む出来事だったのだ。

まずは、インターステラテクノロジズの歴史から紐解いていきたいと思う。ことの始まりは、宇宙作家クラブという団体にまでさかのぼる。１９９０年代当時は、フリーのライターや記者、漫画家といった報道機関に属してない者たちにとって、ロケットの打ち上げなど宇宙関連の取材をすることは極めて困難な時代だった。

プレスルームへの入室が禁止されていたからである。そこで、宇宙開発に関心のあるクリエイターたちは、報道機関としての取材権利を得るために、『宇宙作家クラブ』という組織を立ち上げることにした。現在も続くこの組織は、設立当初から幅広いネットワークを有しており、NASDA（宇宙開発事業団）のエンジニアを招いては勉強会を開催するなど、積極的な活動を行っていた。

NASDAとは、H－IIAロケットなどの大型ロケットや人工衛星、宇宙ステーションを中心に開発を行ってきた組織で、JAXA（宇宙航空研究開発機構）の前身である。JAXAは、NASDAの他に、宇宙や惑星の研究を中心に行ってきたISAS（宇宙科学研究所）、次世代の航空宇宙技術の研究開発を中心に行ってきたNAL（航空宇宙技術研究所）の3機関が統合して誕生した組織だ。

実はNASDAの時代にも有人宇宙船の開発を望む声が一部の有志の間では上がっており、有人宇宙船の開発を求めるべく、上層部に提案するプロジェクトをNASDA内に立ち上げたことがあった。このときNASDAのエンジニアは、企画書の立案に向けて、宇宙作家クラブのメンバーに協力を申し込むことにしたのだが、そんな中、集められたメンバーがインターステラテクノロジズでいまでもサポーターを務める小林伸光氏や漫画家のあさりよしとお氏、SF作家の笹本祐一氏、ライターの松浦晋也氏たちであった。後に『なつのロケット団』と呼ばれるメンバーである。

しかし残念ながら、NASDAの上層部への有人宇宙船の提案は、時期尚早という結論が下される。ただ集まったメンバーの結論はNASDAの結論とはまったくの逆で、「国がやらないのであれば、自分たちでやるだけのこと」と、有人宇宙船の道を自分たちで模索しはじめたのだ。その結果が、「自分たちでロケットを保有し、打ち上げないと何も始まらない」という、なんとも大胆な発想であった。

このとき集まったメンバーで結成されたなつのロケット団が、その後インターステラテクノロジズを生み、民間企業単独としては日本初となる宇宙空間への飛行を実現したMOMOへと受け継がれるのだから、どんなに小さくても、自らの足で最初の一歩を踏み出すことがいかに大切なのかがわかる。

ただ、なつのロケット団と名乗ってはいるが、ライターや漫画家たちによる有志の集まりである。「自分たちでロケットを保有して宇宙にまで打ち上げる」と言っても、当初はロシアからロケットを購入すればなんとかなるという甘い考えがあったという。この頃、ソ連が崩壊し、宇宙ステーションのミールなど宇宙技術が売りに出されていたという背景があったからである。しかしロシアとの交渉は進まず、ロケットを購入するというプランは断念せざるを得ない状況になってしまう。ただ、これくらいで、簡単に挫折してしまうようなメンバーではなかった。

彼らは、「買えないのならば、1番小さいサイズのロケットを自分たちで作ろう」という結論を導き出しただけでなく、「民間でロケットエンジンが作れることを証明しよう」と、ロケットエンジンの開発にまで取り組むことにしたのだ。

むろんロケットエンジンを開発するには、それ相応の場所が必要となる。話し合いの末、都内にある漫画家あさりよしとお氏の自宅兼仕事場になっているアパートが選ばれた。当然資金はなく、メンバー全員がお金を出し合って工面することに。しかもロケットエンジンに使用する部品のほとんどを、ホームセンターやネット通販で購入したという。もちろん一部の特殊な部品は町工場に依頼したが、そんな手作り感満載のロケットエンジンを、大のおとなたちが真剣に組み立てていたわけだ。２００６年のことである。

ただロケットエンジンは部品を揃えて組み立てたら完成というものではなく、制作過程においていくつかの実験を行う必要がある。その中のひとつに水流し試験がある。液体ロケットエンジンの出力性能を推測するための実験なのだが、これもアパートの浴室で行われた。燃料のエタノールの代わりに水を使うため、周囲が水浸しになってしまうからだ。

なつのロケット団のメンバーが見守る中、圧力をかけた水を自作のエンジンに送り込み、水の流量と時間を計測する。この試験を行うことで、実際の燃料で燃焼させたときの性能を推測することができるのだ。まさにおとなたちによる『科学と実験』だが、都内のアパートの風呂場から、壮大な計画の序章が始まっていたとは、メンバー以外誰も知るよしもなかった。

堀江貴文氏の参加により、本格化するロケット開発

水流し試験を皮切りに、ロケット開発が本格的に動き出すことになるのだが、それには解決しなければならないいくつかの問題があった。そのひとつが、このまま進めていくと、メンバーの小遣いレベルでは賄えない金額になるということ。もうひとつが、アパートの一室では燃焼実験ができないため、別の場所を探さなければならないということだ。取り急ぎ、ひとつ目の問題を解決するために、協力してくれるスポンサーを探すことにした。このとき、なつのロケット団の一人がアニメ会社を通じて紹介されたのが、堀江貴文氏である。

堀江氏に会う前までは、資金面のサポートだけを依頼する予定だったという。ただ実際に会ってみて、彼の〝宇宙オタク〟に度肝を抜かされることになる。実は堀江氏自身もロケットの開発を視野に、なつのロケット団と同様にロシアから宇宙カプセルやロケットを購入しようと考えていたからだ。このロケットに傾ける情熱と熱量に誰も

が圧倒され、スポンサーという立場ではなく、同志としてなつのロケット団に迎え入れることにした。

一員になった堀江氏の行動力には目を見張るものがあった。早速、ロケットエンジンの燃焼実験用の場所として千葉の鴨川に一戸建てを購入してくれたのだ。しかも堀江氏からの紹介により、後にインターステラテクノロジズの初代社長となる牧野氏がメンバーに加わることになった。実は牧野氏もなかなかのツワモノというか宇宙オタクで、音楽業界の大手企業に勤務していたにもかかわらず、ロケットエンジンを作りたいという理由だけで退社したほどの人物である。富士の裾野に自身の工作室を設け、そこを拠点に小型のロケットエンジンを作っていたというから驚きである。

前にも説明したが、なつのロケット団のメンバーは、ロケットエンジンの分野では素人集団である。にもかかわらず、ロケットエンジンを作り続けてきた探究心には脱帽するが、工学部出身で、多少なりともロケットエンジンの知識を持つ強力な助っ人が加わったことで、より開発に拍車がかかることになった。

そして2008年、30キログラムフォース級のロケットエンジンの燃焼実験に成功。これが記念すべき最初の成功となるのだが、ここで新たな問題が浮かび上がった。実際にロケットエンジンを点火してわかったことだが、鴨川での開発を断念せざるを得ないほどの騒音が鳴り響いてしまったのだ。この一件で、ロケットエンジンを開発するための新たな場所探しを迫られることとなる。

話は変わるが、宇宙作家クラブでは月例会として毎月勉強会を開催していた。なつのロケット団が鴨川に変わる新しい場所を探していたとき、たまたま講師として招待したのが永田晴紀氏（現・北海道大学大学院工学研究科教授）であり、事情を説明して移転先を相談したところ、北海道赤平市を紹介されたという。北海道赤平市は、永田教授と共にCAMUI型ハイブリッドロケットの開発に取り組んでいる植松電機の拠点がある場所だからである。

植松電機は、ドラマ化もされた人気小説『下町ロケット』のモデルとも言われている会社だといえばイメージしやすいかもしれない。リサイクル用マグネットの開発、販売を行っている北海道の町工場なのだが、北海道大学との共同研究でCAMUIロケットの実用化に向けて挑戦し続けているという特異な企業である。

早速、堀江氏を含めたなつのロケット団のメンバーは、代表である植松努氏に会いに行くことにした。同社は世界に3台しかないロケット開発に必要な『微小重力実験施設』を自ら制作するなど、民間ロケットの先駆者的な存在である。しかも、微小重力実験施設を自社のロケット開発に活かすだけでなく、世界中の研究者に貸し出すなど、宇宙産業に大きく貢献している企業でもある。

そのような背景もあり、いままでもロケットを利用したビジネスの提案に数多くの企業が訪れていた。ただ植松氏がロケット開発に取り組むのは、ビジネスというより『諦めずに挑戦する姿を子どもたちに見せてあげたい』という信念があるからだ。堀江氏たちの訪問も、自分たちのロケットを利用したいというものビジネスの話かと、あまり期待していなかったとのこと。ただ実際は、自前でロケットを作っている人たちが目の前に現れたのだ。なつのロケット団が開発しているロケットエンジンの動画を見せられた植松氏の目の色が、みるみる変わっていったのを参加メンバーはいまだに覚えているという。

結果、植松電機の工場の一角を間借りできることになり、より大きなエンジンの開発に向けてリスタートすることになった。しかも植松電機のエンジニアの協力も得ることができ、実験を繰り返しながら、２００９年、本当の意味での技術開発が始まることとなる。しかしながら、なつのロケット団のメンバーの本業はライターやイラストレーター、漫画家である。週末のたびに自腹で旅費を工面しては、北海道まで通っていたという。

そして２０１１年３月、そんな努力の甲斐もあり、記念すべき最初のデモンストレーション打ち上げ機『はるいちばん』の打ち上げ実験を大樹町で行い、植松電機の協力の下、見事に成功を果たす。

その後、次々と打ち上げ実験を成功させることになるのだが、同じ道内とはいえ、赤平市から大樹町への輸送がネックになりつつあった。費用もさることながら、運搬のために赤平市で一旦ロケットを解体し、大樹町で再び組み立てるという甚大な手間が発生していたからだ。

また、本格的にロケットの開発を進めるためには専用の人材が必要になる。いままでは、なつのロケット団という有志のメンバーだけで運営していればよかったのだが、人を雇うには正式に会社として起業する必要があった。そのような事情から、2013年1月、大樹町にあるJAスーパーの建物跡地に、インターステラテクノロジズ株式会社を設立。代表の牧野氏と、その後4月に新卒で入社した、現・代表取締役社長を務める稲川貴大氏のわずか2名からのスタートである。

インターステラテクノロジズの社名の由来は、『恒星間』を意味するインターステラであり、直訳すると、『恒星と恒星の間の技術』となる。火星など隣の惑星に行くのは当たり前として、さらに遠くへ行くという願いを込めた。つまり、インターステラテクノロジズの最終目標は恒星間の移動であり、太陽系を脱出することなのだ。これは、日常生活や仕事など、人間の生活圏を太陽系以外に広げることを意味している。

新入社員が1年後に社長となる驚くべき展開

代表取締役社長の稲川貴大氏は、大学時代にそのすべてを鳥人間コンテストに捧げたといっても過言ではない。初夏の琵琶湖の風物詩としてすっかり定着している読売テレビ主催の鳥人間コンテストのことだ。彼は東京工業大学から出場し、出場資格のある1〜3年生のうち1回は設計主任を務め、2年生のときには優勝を勝ち取っている。引退後は、人力飛行機の技術面などを中心にブログで配信し、鳥人間コンテスト普及のために力を注いでいたという。機械設計や構造計算、空力計算だけでなく、稲川氏が電子系やプログラミングまで幅広い知識を有しているのはこうした背景によるものである。

また、東京工業大学時代にはロケットサークルも立ち上げ、ハイブリッドロケットの制作や打ち上げも行っていた。当時は背丈ほどのロケットを作って飛ばすことが、学生の間で流行っていたからだという。

大きくて、自分で作れて、飛ぶものが好きだったという彼は、JAXAや三菱重工を就職先として希望する。しかし希望は叶わず、この時点では宇宙開発関連の仕事に就くことを諦めていた。それでも卒業論文を提出してから内定先である大手光学メーカーの入社式までのおよそ1カ月間を、なつのロケット団による『ひなまつり』というロケット打ち上げの手伝いに費やすことにした。この決断は、後に稲川氏の人生を大きく変える出来事となる。『堀江貴文』との出会いである。

稲川氏は、堀江氏のカリスマ性やロケット開発に賭ける夢にすっかり魅了され、なつのロケット団から派生したインターステラテクノロジズの社員第一号として入社する道を選んだのだ。内定先企業の入社式2日前のことである。

その後、初代社長である牧野氏の体調不良により思わぬことが起こった。当時、社長の他に社員が3人しか在籍しておらず、その内、植松電機から転職してきた2人は職人肌気質のエンジニア。必然的に、入社して1年たらずの稲川氏が社長を務めることになった。若年ながら統率力の高い彼が適任というのが全員の一致した意見だったという。インターステラテクノロジズは名を捨てて実を取る企業なのである。

そんなインターステラテクノロジズだからこそ、目指すは『ロケット界のスーパーカブ』となる。スーパーカブとは、新聞配達などに使われている50ｃｃのバイクのことだ。安くて耐久性に優れているため、世界一実用性の高いバイクとしてその名を轟かせている。宇宙を目指すロケットが、スーパーカーでもなく、乗用車でもなく、スーパーカブ。もちろん『スーパーカブ』とは、『世界一低価格で便利なロケットを作る』ことをキャッチーに表現したにすぎない。たとえば、インターステラテクノロジズが掲げる従来のロケットの10分の1の値段を目指すのならば、いままでと同じ部品を使っていたのでは値段は下げられない。どのように下げるのかというと、その方法の一つに、ロケット業界の常識にとらわれず、部品の素材や性能を見直すというやり方がある。

ホームセンターでバケツを購入する場合、ステンレスやブリキのような金属製のバケツもあれば、プラスチックのような樹脂製のバケツもある。水を入れるだけならプラスチック製のバケツで十分だが、工場や作業現場で使うのであれば耐久性能の高い金属製のバケツが必要になる。もちろん価格もプラスチック製より高額になる。

ロケットの部品もこれと同じで、インターステラテクノロジズでは一つひとつの部品について、求める性能と素材を吟味することで費用を下げているのだ。先ほどの例だと、雑巾を絞るための水を汲んでおくためだけなら、薄くて安いプラスチック製のバケツで十分だと判断するわけである。

打ち上げを待つ『えんとつ町のプペルMOMO5号機』

株式会社ALE（100ページ参照）の人工衛星2号機を打ち上げたアメリカを拠点とするロケットベンチャー『ロケットラボ（Rocket Lab）』は、自社の超小型ロケット（エレクトロン）にカーボン素材を多用している。しかしインターステラテクノロジズでは、燃料タンクにはアルミ合金を使用するなど、一般的な素材を使うことでコストダウンを図っている。特に性能については、スペックが高くなればなるほど、部品の単価は高額になるため、最適なスペックを見極めることで、オーバースペックによる価格の上昇を抑えているというわけだ。

「弊社の特徴は、エンジンから電装系まで自社開発をしていることです」と、稲川氏は語る。その理由はクライアントにきめ細かなサービスを提供するためと、ロケットの部品は価格が法外に高かったり、入手が困難だったりするためだ。内製率は50パーセント以上となる。

「将来的にロケット産業は、人工衛星を宇宙まで運ぶ宅配便のような存在になると思っています。相見積もりによる価格競争が起こり、安くて便利なメーカーに依頼したり、用途によって使い分けされたりする時代です。極端な例ですが、このように宅配便として考えると、荷物が届きさえすればフェラーリで運ぼうが、スーパーカブで運ぼうが、依頼する側は関係ないわけです。私たちが使いやすいロケットを追求している理由が、まさにそこなのです。ロケットを従来の10分の1の費用で量産することが大事であって、別に内製にこだわっているわけではなく、部品によっては少量生産が得意なメーカーもいますので、そのような部品は外注することでコストダウンを図っています」

このように稲川氏は語るが、自社工場でロケットのキーパーツをすべて作れることが、インターステラテクノロジズの強みであることに間違いない。

また、インターステラテクノロジズでは、ロケットの圧倒的な低価格化を実現するために、一般的に売られている民生品を積極的に採用している。たとえばエレクトロニクス系については、量産家電や車載製品の民生品の処理能力や基本性能で十分だと考えている。しかもロケットで使用する場合、利用時間が数分〜数十分程度と格段に短い。テレビドラマでは、高性能と高信頼を備えた部品のことを『ロケット品質』とたとえていたが、大切なのは部品ごとに求められる品質とコストのバランスを見極めることなのだ。

インターステラテクノロジズでは製造コストの低減を目指す一方で、電車やバスのようにロケットの機体をラッピング広告用のスペースとして提供したり、ハンバーガー、眼鏡、ぬいぐるみ、コーヒー豆などをロケットに搭載したりするなど、スポンサー企業とタッグを組んだ商業化も精力的に推進している。このようにロケットにスポンサーがついて、売り上げに貢献するというビジネスモデルは、日本初の試みであり、民間企業だからこそできる取り組みではないだろうか。

さらにインターステラテクノロジズでは、クラウドファンディングを上手に活用している。『えんとつ町のプペルＭＯＭＯ５号機』までの累計の支援額は９０００万円、支援者数は３９００人にものぼる。いかにインターステラテクノロジズが大勢の期待を背負っているのかがわかる数字である。その証拠に最近では、新型コロナウイルスの影響によりＭＯＭＯ５号機の打ち上げ延期を余儀なくされたインターステラテクノロジズに対し、４２００万円を超える支援金が集まっている。

当初は「無観客での打ち上げ」を掲げ、打ち上げ見学イベントをすべて中止にするなど、感染症対策を最大限に行うことで打ち上げの延期はしないというスタンスであった。しかし大樹町からの強い自粛要請があり、打ち上げを延期するという苦渋の決断に至ったことへの支援である。公開後10時間で目標金額を突破したというから、周囲の期待度がどれほど高いかおわかりいただけると思う。

軌道投入ロケットZEROによる超小型人工衛星の宇宙への運搬

ＭＯＭＯの名前の由来は、一般的に宇宙空間と呼ばれている高度１００キロメートルの〝百〟を訓読みしたものだ。2012年に打ち上げた『いちご』は、高度1500メートルを目指していたことにより命名された。そして現在並行して開発中のZEROが軌道投入ロケットとなる。高度500キロメートルまで上昇し、ペイロードとして積んだ超小型人工衛星の地球周回軌道への投入を目指している。

ちなみに超小型人工衛星とは、一般的に100キログラム以下のものをいう。中には、手のひらに乗るような10センチ四方で1キログラム程度の人工衛星まである。現在では、1〜5キログラムほどの超小型人工衛星が、企業だけでなく大学などでもたくさん開発されているそうだ。

「ロケット開発において、越えなければならない技術的な大きなハードルが二つあります。ひとつ目が、空気のない宇宙空間に到達することです。その点について我々はクリアできたわけですが、次のハードルはZEROが挑戦する地球の周回軌道への打ち上げになります。このハードルは、ひとつ目のハードルと比べて異次元の難しさになります。実は人工衛星を軌道に投入するには、秒速7900メートルの速度が求められます。これは音速の20倍のスピードになります。MOMOのような観測ロケットで秒速2000メートルの速度ですから、その4倍近いスピードが求められることになるのです。このようにサブオービタルと軌道投入では、求められる速度が桁違いだということが、おわかりいただけると思います」

ところで、軌道投入した人工衛星が、なぜ落ちないで地球を周回できるのか、皆さんはご存知だろうか？　宇宙は無重力空間だからというのは間違いである。たとえば地球から38万キロメートルも離れた月でさえ、地球の重力の影響を受けているのだ。月が地球を周回できるのも、地球の重力のおかげなのである。このように地球の重力の影響範囲は広く、国際宇宙ステーションのある高度約400キロメートルでは、地上の9割近くもの重力が働いていることになる。ではなぜ国際宇宙ステーションや人工衛星が宙に浮いていられるのか。その答えは、ものすごいスピードで移動しているからだ。たとえば、皆さんが投げたボールで考えてみよう。当たり前だが、すぐに重力で落下してしまう。でも投げるスピードをどんどん速くしていくと、そのうちボールは地球の丸みに沿って落ちるようになるのだ。結果的に、地球を周回して飛び続けることになる。このスピードが秒速7900メートルで、『第一宇宙速度』と呼ばれている。ちなみに国際宇宙ステーションの宇宙飛行士たちが無重力の状態で浮いていられるのは、秒速7900メートルで飛行しているためで、遠心力と地球の重力がつりあっている状態だからである。

余談が長くなってしまった。話を開発中の軌道投入ロケットZEROに戻そう。

ZEROの開発に関しては、2020年に6トン級エンジンを使った燃焼試験に成功するなど着実に歩みを進めている。ZEROでは、次世代のロケット推進剤として各国で研究開発が進むLNG(メタンを主成分とする液化天然ガス)の採用を発表している。インターステラテクノロジズは本社工場、実験場、ロケット射場を北海道大樹町に有してい

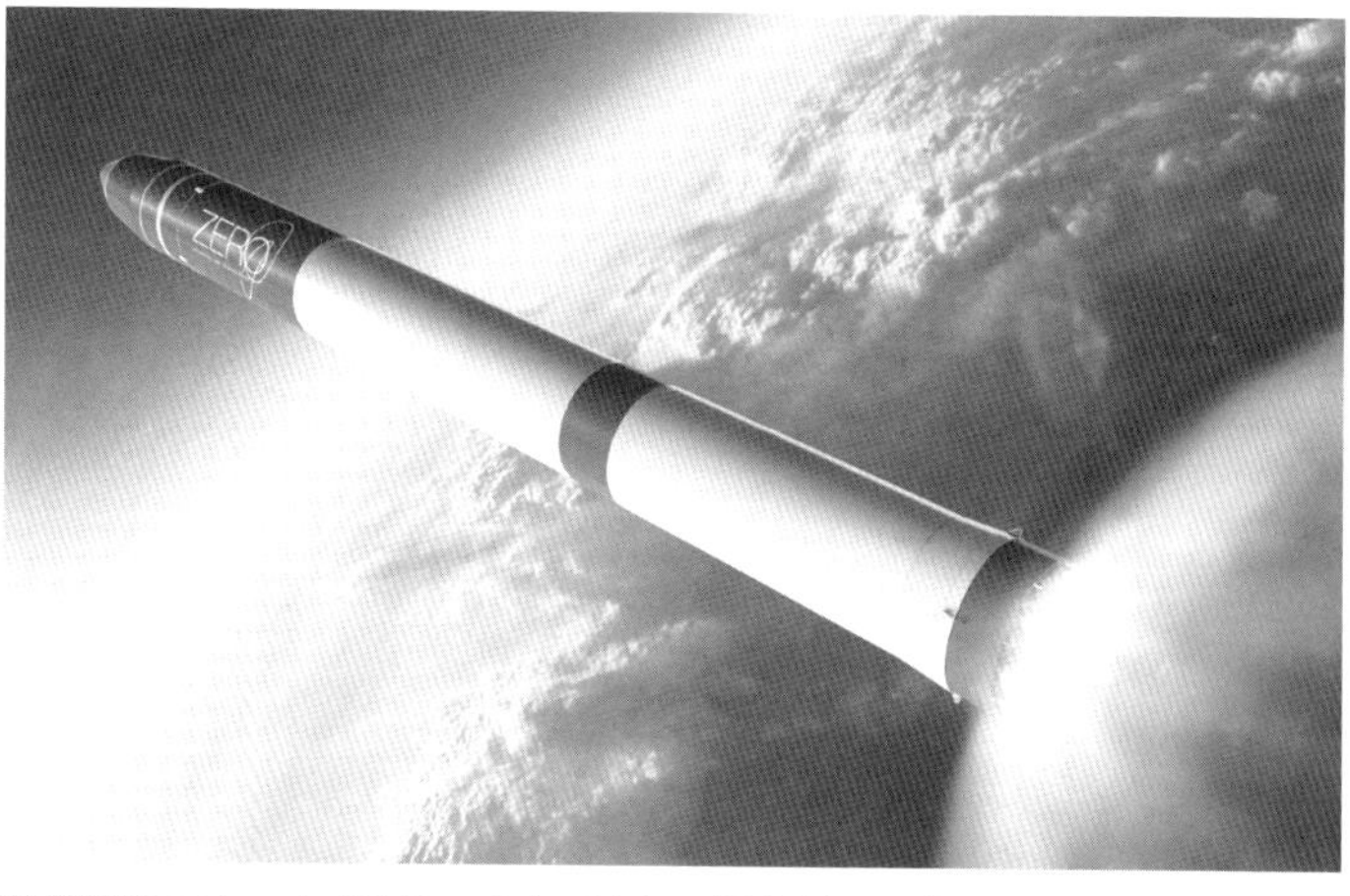

軌道投入ロケットZERO。100kg以内の超小型人工衛星を高度500km程度の軌道上に運ぶ

るが、北海道では家畜の糞尿から得られるバイオガス（メタンを多く含む）の生産量が日本の3分の1を占める。このような背景から、将来的にロケット燃料を地産地消していくことも検討しているのである。

とはいうものの、ZEROの開発は同社単独では乗り越えるハードルが多い。そこで、共に宇宙を目指す企業版サポータースクラブ『みんなのロケットパートナーズ』を立ち上げることで、参加法人からの支援を追い風に変えている。具体的には、『みんなのロケットパートナーズ』に加入している国立研究開発法人宇宙航空研究開発機構（JAXA）やターボポンプでは最先端の研究開発を行う室蘭工業大学など専門家の協力を得ながら、共同研究・試験を進めているのだ。

さらに2020年4月から始めた『助っ人エンジニア制度』では、さまざまな業界からのエンジニアを受け入れており、同年4月からはトヨタ自動車からエンジニアが出向してきているとのこと。これらは、みんなの力をあわせて宇宙を目指すという同社の価値観が、研究開発の姿勢にも感じられる制度である。

「日本には失敗を許容しない文化が根強く残っているためか、失敗すると大きく報道されてしまいます。ただ現実的に考えて、ロケットの世界ではいきなり100パーセントの成功はあり得ないと思っています。MOMOのような実験機的な位置づけのロケットに限れば、世界的に見ても成功率は高くないのです。もちろん弊社としても毎回成功だけを目指して、真剣勝負で挑戦していますが、ドライに考えると、失敗を含めて経験なわけです。経験を積むことでノウハウを蓄積し、ある時期から成功を続けることで商業化に至ることができれば問題ないと思っています。それほど、ロケット産業は難しいのです」

アポロ計画から50年以上が経過するが、国家プロジェクトとして現在の価値で十数兆円という莫大な資金を投じて開発してきたのがアポロ計画のロケットである。当時のロケットエンジンもいまと同じで、燃料と酸素を混合させ、燃焼させることで推進力を得ており、アポロ計画のときで燃焼による化学エネルギーの約98パーセントを推力に変換できていたという。そう考えると、目に見えるような劇的な進化も難しく、当時の予算からは想像できないような資金で民間宇宙ベンチャーがロケット開発に取り組んでいること自体、まさに奇跡なのである。

グローバル市場で確実に伸びる宇宙産業

宇宙産業は、世界的に伸びると予測されている数少ない産業の一つである。アメリカでは、ロケット産業を短期間で活性化・拡大するために、民間企業であるスペースXに開発資金を補助している。スペースXは2002年に設立されたが、アメリカ政府からNASAを経由して約50億ドルもの多額の補助金が支給され、開発を促進し、完成したロケットも国が買い取るという形をとっている。このバックアップにより、スペースXは世界の商業衛星打ち上げ市場に参入し、一気に市場シェアを拡大することができたのだ。そして、これと同じことが日本政府にもできるのかが、今後の日本の宇宙開発、ひいては10年後の日本経済を決めるのではないだろうか。いま日本でも多くの民間宇宙ベンチャー企業が立ち上がっているが、根付くことができるのか、グローバルな市場を獲得できるのか、いまが正念場だと稲川氏は考えている。

「日本にも人工衛星を打ち上げたい企業や大学はたくさんありますが、現在はロシアやインド、アメリカのロケット会社に依頼しているような状況です。日本にも市場が育ってきているにもかかわらず、日本以外の企業に奪われてしまっているわけです。ただ、弊社のような会社が成長することで、今後日本の市場を奪い返すことができるかどうかが、ひとつのポイントになると思っています。将来的には、海外の企業が日本のロケット会社に人工衛星の打ち上げを依頼してくるという流れに変わる可能性も多分にあると考えています」

これまでは国家プロジェクトであった宇宙開発が、民間主導にシフトし始めている。そうすることで、効率的になったり、低価格になったりと、より利便性の高い方向に向かい、市場が拡大するはずである。ただ戦う相手が世界である以上、IT産業のように、アメリカの企業がパイを総取りしてしまう可能性はゼロではない。事実、アマゾンの創業者でCEOのジェフ・ベゾス氏やIT革命児のイーロン・マスク氏などが宇宙開発ベンチャーを立ち上げている。こうした企業との戦いがある一方で、日本はいろいろな意味で宇宙産業に向いている国だと稲川氏は語る。

「ロケット技術は、武器輸出制限と似通った部分があり、輸出制限の対象になっています。しかも対象の範囲は部品だけでなく、部品を作るための工作機械や特殊な材料までもが含まれます。ロケット開発をしたければ、工作機械も作れる国でなければ成立しないのです。もちろん優秀な人材も必要ですし、地理的な優位性もあり、東側や南北方面が海の国がロケット射場に適しているわけです。そう考えると、日本は宇宙産業のための条件を満たしているのです」

赤道上を周る静止軌道にロケットを打ち上げるときは、地球の自転を利用して発射するため、東側にロケットを打ち上げる。しかも落下リスクを考慮するため、東側が海など地理的な制約が求められる。たとえば中国やロシアの射場は内陸にあるため東側は自国となり、いまだにロケットの残骸が自国に落ちている。フランスもロケット大国だが、フランス本土の東側には他の国々があるため打ち上げることができない。そのためフランスでは南米のフランス領ギアナにまでロケットを運んで打ち上げを行っているのだ。もちろん人工衛星を太陽同期軌道に打ち上げることもあるが、この場合は北か南に向けてロケットを発射することになる。日本は東側も南側も海という地理的に好立地で有利な立場にあるのだ。韓国や欧州のように、ロケットベンチャーを立ち上げようにも、地理的な制約により、困難な国がたくさんあるというわけだ。

「日本には地理的な優位性があり、しかも宇宙産業の市場は伸びていくことが確実視されているわけです。この機会に、多くの企業が宇宙産業に参入してくることを望みますし、投資がより活発化すればと願っています。ご存知のように日本はモノづくり大国です。しかし一方で、自動車産業もEV化の波に押され、製造業が縮小せざるを得ない危機に直面しようとしています。将来的に自動車などの部品を作っている日本の裾野産業が生き残っていくためには、ロケットや人工衛星といった宇宙産業が日本の基幹産業として育っていくことが重要になるのです」

このように宇宙産業での日本の成功が、そのまま日本の未来を背負っている部分もある。民間宇宙ベンチャーの活躍が、よりいっそう活発化することを期待したい。

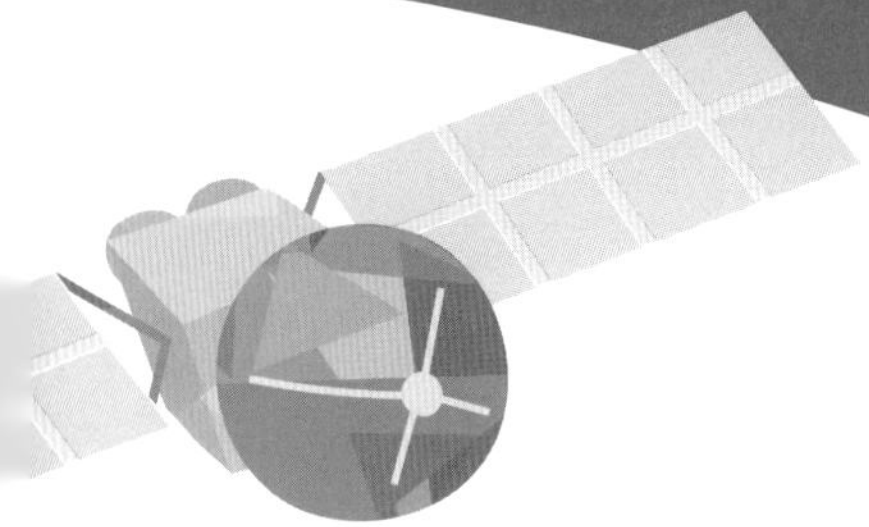

日本初の人工衛星打ち上げ成功から半世紀

日本初となる人工衛星「おおすみ」の打ち上げ成功から半世紀という、長い歴史を紡いできた日本。1970年に世界で４か国目の人工衛星打ち上げ国となったのだが、その道は険しく、初回の1966年から1969年まで4回連続で打ち上げを失敗している。これは、1945年の敗戦から8年ほど、連合国軍総司令部（GHQ）により軍事と関係の深い航空分野の研究を禁止されていたことが原因だ。これにより日本のロケット技術は、世界から大きく後れをとることになる。

しかし2019年7月11日、宇宙航空研究開発機構（JAXA）の小惑星探査機「はやぶさ2」が、地球から2億4千万Kmも離れた小惑星リュウグウへの2度目の着地に成功し、世界初となる小惑星地下物質の採取にも成功するなど、世界をリードするまでに成長したのだから驚きである。

人工衛星の墓場

人類が初めて宇宙に人工物を打ち上げたのが1957年のスプートニク１号。それ以降、打ち上げに使われたロケットや用済みとなった人工衛星は、地球の周回軌道に放置されたままとなっていた。そのためロケットと衛星、または衛星同士が衝突して破壊され、無数の破片となって軌道上に飛散。スペースデブリと呼ばれる宇宙ゴミとなり、大きな問題になっている。

そこで、スペースデブリの発生を防ぐため、役目を終えた人工衛星を「墓場軌道」と呼ばれる、より高度の高い専用の軌道へと移動させたり、大気圏に落下させることで人工衛星を燃え尽きさせたりしている。

ただ人工衛星を大気圏に再突入させる場合、一部が燃え残って地上まで落下してしまうことがある。そこで落下させるポイントを、被害が最も低くなると推測されるニュージーランドと南アメリカのちょうど中心あたりのポイントに設定している。そのためこのエリアのことを「スペースクラフト・セメタリー（宇宙機の墓場）」と呼ぶようになった。

日本と人工衛星との歩み

1970年打ち上げ　人工衛星おおすみ
日本初の人工衛星。打ち上げ場所の鹿児島県内之浦町を中心とする人々への感謝の気持ちを表し、大隅半島にちなんで命名された。

1971年打ち上げ　科学衛星しんせい
電離層、宇宙線、短波帯太陽雑音などの観測を目的に打ち上げられた日本初の科学衛星。

1977年打ち上げ　気象衛星ひまわり
アメリカから打ち上げられた日本初の静止気象衛星。

1979年打ち上げ　X線天文衛星はくちょう
新たに8つのX線バースト天体を発見するなど、X線バーストの研究にて国際的に高い評価を受けた。

1985年打ち上げ　ハレー彗星探査試験機さきがけ
ハレー彗星に接近し、太陽風磁場やプラズマ活動の観測を行った。

1998年打ち上げ　火星探査機のぞみ
日本初の火星探査機。火星周回軌道に乗せるために必要となる装置が動作せず、火星周回軌道投入を断念した。

2003年打ち上げ　小惑星探査機はやぶさ
2010年6月13日、小惑星「イトカワ」の表面物質搭載カプセルを地球に持ち帰ることに成功した。

2007年打ち上げ　月周回衛星かぐや
月周回軌道上観測と月探査の技術開発を目的に打ち上げられた。

2010年打ち上げ　準天頂衛星初号機みちびき
日本の衛星測位システムであり、日本版GPSと呼ばれている。

2014年打ち上げ　小惑星探査機はやぶさ2
小惑星リュウグウに到着したのち、さまざまな観測やタッチダウンに成功。2020年12月 6日の地球への帰還を予定している。

株式会社クラブツーリズム・スペースツアーズ

代表取締役社長　浅川《あさかわ》 恵司《けいじ》

ヴァージン・ギャラクティックが提供するサブオービタル飛行による宇宙旅行を専門に取り扱う旅行会社。日本において、宇宙旅行を取り扱う唯一の旅行会社である。

2020年は宇宙旅行のパラダイムシフト元年

世界旅行ツーリズム協議会（WTTC）が発表した資料によると、2018年時点における日本の旅行産業は約41兆円で、世界第三位の市場規模を誇っている。これは日本のGDPの7・4パーセントを占めており、旅行産業が一大産業であることがわかる。将来的にはこれに宇宙旅行が加わり、旅行産業はますます巨大化していく方向にある。世界の市場で考えると、宇宙旅行産業だけで2028年には約1・5兆円になるとの予測もされているのだ。

このような状況の中、日本にも宇宙旅行専門の旅行代理店がある。株式会社クラブツーリズム・スペースツアーズ（以下クラブツーリズム）だ。ヴァージン・ギャラクティックの日本での公式代理店として、2005年から宇宙旅行の販売を開始している。そのためクラブツーリズムが取り扱っている宇宙旅行はヴァージン・ギャラクティックのサービスのみになるのだが、ヴァージン・ギャラクティック以外で民間人に宇宙旅行を発表していたり、実際に発売したりしている企業は、ブルー・オリジン、スペースX、スペース・アドベンチャーの3社しかないため、当たり前といえば当たり前なのかもしれない。

ヴァージン・ギャラクティックは、ヴァージン・グループ会長のリチャード・ブランソン氏が設立した宇宙旅行サービスを提供する会社である。ちなみにヴァージン・グループは、エアラインが有名だが、鉄道会社からホテル、ラジオ局など、関連会社は60社以上にも及ぶ世界的な大企業グループである。

アマゾンを創業したジェフ・ベゾス氏が立ち上げたブルー・オリジン同様、サブオービタル宇宙旅行（弾道宇宙旅行）を目指す民間企業としては世界のトップを走っており、この2社はライバル同士として比較されることが多い。ただブルー・オリジンのサブオービタル宇宙旅行は現時点では発売が開始されていないため、宇宙旅行に行きたければ、ヴァージン・ギャラクティックのサービスを利用するしかない。

そのためクラブツーリズムが、日本で民間の宇宙旅行を取り扱っている唯一の旅行会社となるのだが、残念ながら２０１９年の春から一時的に販売を停止している。これは、参加費25万米ドル（1米ドル＝１１０円の換算レートで２７５０万円）で販売した宇宙旅行が完売したからである。ちなみに2020年6月時点で、日本からの申込者は19名となっている。

代表取締役社長の浅川恵司氏によると、宇宙旅行に申し込んだお客様の多くは、南極旅行など世界中を旅した経験の持ち主だという。この傾向は世界的にみられるそうだ。高額な宇宙旅行は、熱狂的な宇宙好きが申し込むというより、旅行業界で〝秘境地域〟と呼ばれている南極大陸やアフリカの奥地なども制覇してしまったような、いわば世界中を行き尽くしてしまった究極の旅行好きが、最後に選択する旅先なのかもしれない。

それでは、クラブツーリズムが想定している宇宙旅行のイメージについて、浅川氏の説明を元に紹介しよう。まず参加条件だが、18歳以上の健康な方であれば、年齢の上限は特に設けられていない。現在、日本で申し込みをしている最高年齢者は、上皇陛下と同じ年齢の女性で、2020年6月時点で87歳の方である。

実はヴァージン・グループ創設者のリチャード・ブランソン氏は、ヴァージン・ギャラクティックが提供する宇宙旅行に、量子宇宙論分野にて大きな功績をあげたス

ティーブン・ホーキング博士を招待していた。この粋な計らいは、ホーキング博士がお亡くなりになってしまったことで幻に終わったが、車椅子の上で過ごしているようなALS（筋萎縮性側索硬化症）の患者でも宇宙旅行は可能だったということだ。欧米からは90歳以上の参加者もおり、それだけ安全面に考慮した宇宙旅行を、リチャード・ブランソン氏は目指しているのだ。

クラブツーリズムでは、参加者全員と面談し、不動産購入時のような重要事項説明を一人ひとりに行っている。世界中でまだ誰も参加したことのないツアーを販売するのだから当然だ。トラブル防止のためにも、注意点な

どを十分に理解した申込者にしか販売はできないのである。実際、購入から15年も待ち続けている参加者もいる。いつ実現するか不透明な商品を購入してもらうには、申込者に誤解を与えないことが重要なのである。

それではここからは、宇宙旅行の実際の流れを紹介しよう。宇宙旅行は、アメリカのニューメキシコ州南部にある民間宇宙港『スペースポートアメリカ』に、出発の4日前に集合するところからスタートする。宇宙港とは、宇宙船専用の飛行場のことだ。上の写真が世界初の宇宙港となるスペースポートアメリカで、3600メートルの滑走路と3階建ての専用ターミナルビルから成る。

同じく前の写真に写っているのが、ヴァージン・ギャラクティックの宇宙船『スペースシップ2』と、それを両脇から抱え込む形で高度1万5千メートルまで運ぶ航空母船の『ホワイトナイト2』である（写真はこの2機がつながった状態。中央の機体がスペースシップ2）。

宇宙船のスペースシップ2は、全長18メートルで8人乗り（パイロット2名、乗客6名）。70ページにあるスペースシップ2単体の写真を見ていただくとわかるが、ペンシル型ロケットではなく再使用型有翼ロケットのスペースプレーンだ。ロケットエンジンは独自開発された専用のハイブリッドエンジンで、異常時にはストップし、グライダーのように下降して戻ってくることができる。打ち上げは地上発射方式ではなく、高度1万5千メートルからの空中発射方式。この場合、高度1万5千メートルまでスペースシップ2を運ばなければならないが、全長24メートルの『ホワイトナイト2』と呼ばれる双胴船の航空機がこの役目を担うことになる。写真のようにスペースシップ2を胴体の中央に接続したまま、旅客機のようにジェットエンジンで滑走路を水平離陸。高度1万5千メートル地点でスペースシップ2を切り離し、空中発射をするという仕組みだ。

宇宙旅行に話を戻すと、旅立つ6名の乗客は、スペースポートアメリカで初めて顔を合わせ、出発までの間、専門医による健康診断や3日間の事前トレーニングプログラムを行う。事前トレーニングといっても、宇宙飛行士と同じようなメニューではなく、フライトシミュレーターを使っての疑似体験など、難易度はそれほど高くはない。また乗客に家族や友人などの同行者がいる場合、同行者たちはニューメキシコ州の観光名所であり、世界遺産でもあるカールスバッド洞窟群国立公園などを観光するなどして、3日間を過ごすことになる。

実はアメリカには、FAA(アメリカ連邦航空局)が許可し、正式に認められている宇宙港が12箇所もある。宇宙旅行が実際にスタートすれば、砂漠が広がっているだけのニューメキシコ州でも、大勢の観光客や乗客たちが集まるスポットになりうるのが宇宙港だ。宇宙港は、住民たちの期待を込めた先行投資でもあるわけだ。

宇宙旅行出発の当日。参加者6名は、ヴァージン・ギャラクティックが用意したアンダーアーマー社製のフライトスーツに身を包み、家族や友人、スタッフに見送られながらスペースシップ2に乗り込んでいく。それはまさに宇宙飛行士になった気分ではないだろうか。ただ違うのは、発射台からの地上発射ではなく空中発射になるため、旅客機と同じ滑走路からの離陸になることだ。宇宙船はホワイトナイト2に接続された状態のまま徐々に高度を上げていき、1万5千メートルに達したタイミングで切り離される。

ようやく単体になったスペースシップ2はロケットエンジンを点火。マッハ3・3のスピードで、火を噴きながら一気に宇宙空間へと向かうのである。これは音の3倍のスピードであり、乗客たちは約3Gの重力加速度を全身に感じることになる。

宇宙に近づくにつれ、窓から見える空の色も変化していく。大気圏を超えると、コバルトブルーの空の色が、宇宙の漆黒へと変わっていくからだ。このとき見える星は、空気がないため光がまたたくことはない。地上から見る星は、空気の対流によってまたたいて見えるだけなのだ。

やがてスペースシップ2はロケットエンジンを停止させ、惰性の力だけで宇宙空間である高度100キロメートルを目指して上昇を続ける。サブオービタル宇宙旅行とは、国際航空連盟などが一般的に宇宙空間と定義している高度100キロメートルを往復するだけの飛行旅行である。宇宙の滞在時間は約5分。残念ながら宇宙に浮かぶ丸い地球をまるごと見ることはできないが、地球の丸い輪郭はわかる。ちなみに丸い地球をまるごと見るには、高度10万キロメートルまで上昇しなければならない。実は、高度400キロメートルの宇宙ステーションから見える地球も、丸い輪郭こそわかるが、まるごとは見えない。それと同じである。

ここからは、シートベルトを外して約4分間の無重力状態を楽しんだり、写真を撮影したりする時間だ。体が浮いているのは、無重力空間だからではない。これは乗っていたエレベーターのワイヤーが切れたときと同じで、エレベーターと人間が同じスピードで落下しているためである。このときエレベーターの中にいる人間は、自分の体重を支える床がなくなるため、重力を感じられなくなる。落ちるエレベーターの中で体が浮いたような状態になるのはこのためだ。

そうこうしているうちに、あっという間に地球への帰還となる。もちろん大気圏に再突入する際は、空中発射時同様に3〜4Gの重力加速度が全身を襲うことになる。

そして、グライダー飛行によりスペースポートアメリカの宇宙港に着陸。全工程約2時間という宇宙旅行の幕が閉じられることになる。

Xプライズの成功から始まった宇宙旅行の歩み

本書でたびたび登場するXプライズ財団による賞金レース。宇宙開発の歩みに大きく貢献した例だと、ispaceがHAKUTOというチーム名で参加し、民間による初の月面無人探査を競った『Google Lunar XPRIZE（グーグル・ルナ・エックスプライズ）』（78ページ参照）や有人弾道宇宙飛行を競った『Ansari X Prize（アンサリ・エックスプライズ）』などがある。

Ansari X Prizeのミッションは、『民間の資金だけで開発した3人乗りの再使用型宇宙船を、高度100キロメートルまで打ち上げて帰還させること。加えて2週間以内に同じ条件で二度目の打ち上げも成功させること』だ。優勝賞金は、1000万米ドル（1米ドル＝110円の換算レートで11億円）。このAnsari X Prizeには26チームが参加し、バート・ルータン率いるスケールド・コンポジッツ社が開発した宇宙船『スペースシップ1』が、見事に偉業を成し遂げた。

バート・ルータンは有名な航空エンジニアで、革新的な航空機の設計やプロジェクトを数多く成功させた人物だ。彼が設計し、1986年に無給油、無着陸で世界一周を初めて達成した航空機『ボイジャー』は、当時世界中を驚かせた。このような天才が、Ansari X Prizeのために開発した宇宙船がスペースシップ1なのだ。開発資金として、ビル・ゲイツ氏と共同でマイクロソフトを創業したポール・アレン氏が3000万米ドル（1米ドル＝110円の換算レートで33億円）を提供している。

実は、バート・ルータン氏がAnsari X Prizeに挑戦していた時期は、リチャード・ブランソン氏が宇宙旅行サービスの実現に向けて検討していたときでもある。彼はバート・ルータン氏の挑戦を知り、スケールド・コンポジッツ社から技術的な支援を求める道を模索する。そして2004年、スペースシップ1が1回目のサブオービタル飛行を成功させる2日前に、ヴァージン・ギャラクティックとスケールド・コンポジッツ社は技術提携を発表するに至る。

この後、スケールド・コンポジッツ社はAnsari X Prizeの2回目のサブオービタル飛行を成功させ、世界の注目を一気に集めることになるのだが、日本ではクラブツーリズムが、宇宙旅行の提携に向けて動き始める。クラブツーリズムの宇宙への関心は古く、2001年にはお客様同士のコミュニティーの場として『宇宙旅行クラブ』を運営していた。そのような背景もあり、当時クラブの統括者だった浅川氏が、ロンドンにあるヴァージン・ギャラクティックの本社に乗り込んで、交渉にあたるように社長より指示されたという。

「宇宙旅行は、成功すれば快挙ですが、失敗すれば死傷事故につながる可能性もあるわけです。交渉を任された時、もしものときは謝罪会見をする覚悟が会社側にあるのかと尋ねたことを覚えています。そのときの会社側の判断が、〝宇宙旅行にはリスクを背負ってでもやるだけの価値がある〟でしたので、私も腹をくくって交渉に臨むことにしました」

2005年のロンドンでの交渉においてヴァージン・ギャラクティックから最初に

提示された契約条件は、クラブツーリズムとしては歓迎できる内容ではなかった。しかし浅川氏は、日本に持ち帰って再交渉するのではなく、その場で判断し、新しい条件を逆提案することで契約締結にまで持ち込んだのだ。しかもヴァージン・ギャラクティックの公式代理店の第1号として、日本での共同記者会見の約束まで取り付けることに成功したのである。ビジネスの世界では、チャンスは逃さず一気に掴み取ることが、いかに大切なのかがわかる事例である。

宇宙産業でも重要視されるホスピタリティ

ホスピタリティとは、『心のこもったおもてなし』という意味で使われるが、お客様にサービスを提供する以上、宇宙旅行といえどもホスピタリティの高さが求められる。

毎年、宇宙旅行の参加者には、ヴァージン・ギャラクティックからクリスマスプレゼントが届くという。キーホルダーのような小物から、リチャード・ブランソン氏のサイン入りの手紙まで、さまざまなグッズがパッケージ化されているのだが、

提供：ヴァージン・ギャラクティック

2019年の手紙には、「来年こそ私は宇宙に行きます」という熱いメッセージが書かれていたという。実は2020年7月で70歳という節目を迎える。気持ち的には絶対に叶えたいタイミングではあるが、一方で「来年こそは楽しみにしていてください」と、毎年言い続けてきたという事実もある。もちろんプレゼント以外でも、スペースポートアメリカの見学会など、定期的にイベントを開催しては参加者とのコミュニケーションを図っている。これらのサービスは、ヴァージン・グループとしてホスピタリティ産業に長い間、携わってきたからこそできるケアではないだろうか。

「一番象徴的だったのが、2014年にスペースシップ2が墜落し、1人のパイロットが亡くなった事故のときです。ヴァージン・ギャラクティックが世界中の参加者一人ひとりに電話で直接事情を説明すると言い出したのです。日本のお客様の中には英語の通じない方もいますのでお断りしましたが、それだけお客様とのコミュニケーションを重要視している証拠ではないでしょうか」

事故の翌日にはヴァージン・ギャラクティックが記者会見で詳細を説明したため、日本からは一人のキャンセルもでなかったという。ちなみに参加の申し込みや問い合わせの件数については、株式会社ＺＯＺＯの創業者であり、株式会社スタートトゥデイで代表取締役社長を務める前澤友作氏が、民間人初となる月旅行への挑戦を発表したときにも、目立った変動はなかったそうだ。

「残念ながらスペースツーリズム市場は、スタートまでに時間がかかっており、まだ何も始まっていないというのが現実です。実際、民間宇宙船で民間人は誰も宇宙に行っていないのです。そんな状況ですから、宇宙旅行は現実離れした夢物語だと思われても仕方ないと思っています。ただ、実現したときには、パラダイムが一変すると確信しています」

1998年のアメリカの経済紙『Forbes』によると、1000億以上の資産のある大富豪は、アメリカが1位で600人弱。2位が中国で、日本は16位だった。この20年で欧米の給料が平均で2倍になっているのに対し、日本の給料だけはほぼ横ばい。G7の主要7カ国で比較しても、日本だけが2000年の賃金水準を下回っている。この結果だけを見ると、いかにも日本が衰退しているように感じるが、1億円の資産を持つ富裕層の数では、日本は290万人と世界第2位なのである。サブオービタル飛行による宇宙旅行の費用は、3000万円前後である。この価格帯なら、1億円クラスの富裕層でも、十分に手の届く金額だと浅川氏は考えている。

「インターネットの普及により、多くの大手旅行会社の売り上げは下降し続けています。個人で手軽に手配できるようになったいま、将来的に絶滅する業種のひとつとも言われているほどです。そのような状況の中、旅行会社が生き続けるには、宇宙旅行のような新しい形態の旅行を取り扱うことが重要なのです。過去には、宇宙旅行は旅行ではなく、遊園地のアトラクションに乗るのと同じだという意見もありました。今では、宇宙旅行は旅行業法に則って旅行として取り扱うのが正しいという意見が一般化しています」

宇宙旅行は、サブオービタル飛行だけでなく、高度400キロメートルの国際宇宙ステーションに滞在する軌道旅行や月の周回軌道ツアーなど、滞在型の宇宙旅行へと移行していくはずである。そしてその先にあるのが『地球への回帰』なのだと、浅川氏は語る。

「宇宙飛行士の山崎直子さんが宇宙に行かれたとき、『特別なのは宇宙ではなく青い地球だった』と話していたのを、いまでも覚えています。私たちは地球から宇宙を見上げているため宇宙は特別な場所だと感じますが、実際に宇宙に行くと、地球こそが特別な場所だと気づかされるわけです。宇宙に行くことで地球の良さを再認識し、最終的にはきれいな湖だったり、山だったり、海だったりと、美しい地球の自然に回帰するのではと思っています」

株式会社 ispace

Founder & CEO　袴田《はかまだ》 武史《たけし》

小型月面探査車ローバーを軸に、月面の水資源開発を先導するだけでなく、民間企業に新規ビジネスチャンスを提供し、月を地球の経済・生活圏に取り込むことで、持続性のある世界を目指す。

月探査が本格化する令和時代

「これは一人の人間にとっては小さな一歩だが、人類にとっては偉大な飛躍だ」の言葉とともに、人類が月面に初めて降り立ってから半世紀以上が過ぎた。

１９６９年７月16日に打ち上げられたアポロ11号。３名の乗組員のうち、ニール・アームストロング氏とバズ・オルドリン氏の２人の宇宙飛行士が、人類初となる月に降り立ったのが日本時間で７月21日の11時56分。その後、１９７２年のアポロ17号までに計12人のアメリカ人宇宙飛行士が月面を探索したわけだが、それ以降は一人も月に降り立っていない。これにより50年近くも有人探査活動は途絶えてしまったことになるが、そもそも莫大な資金を要することから月の探査自体が20年ほど停滞していた。

しかし90年代に入り、月周回軌道に衛星投入された工学実験衛星『ひてん』や月周回衛星『かぐや』により、日本でも月探査が行われるようになる。中でも、14種類のミッション機器が搭載された『かぐや』は、アポロ計画以来最大規模となる本格的な月の探査を実施。詳細な地形の観測により約50メートルの縦孔を発見している。特に近年では、月には水があるとの期待感が高まり、世界的にも月に熱い視線が集中しているのだ。

その一つの取り組みとして日本ではＪＡＸＡ（宇宙航空研究開発機構）が、２０２２年度に小型月着陸実証機『ＳＬＩＭ（Smart Lander for Investigating Moon）』にて月面着陸に初挑戦する。目的は月面データの収集だけにとどまらず、将来的に月惑星探査において必要とされるピンポイント着陸技術の開発だ。従来の『降りやすいところに降りる』着陸ではなく、『降りたいところに降りる』着陸への転換を図ろうとしている。探査機『はやぶさ２』が着陸した小惑星リュウグウには重力がほとんどない。月という比較的大きな重力（地球の６分の１）を持つ天体に日本の探査機が着陸するのは初の試みとなるわけだ。

またアメリカには、２０２４年までに女性を含むアメリカの宇宙飛行士を月の南極に着陸させることを当面の目標とする探査計画『アルテミス計画』がある。月の軌道を周回する有人基地『ゲートウェイ』を建設し、この基地を拠点に宇宙飛行士が月に降り立つことを構想している。実はアメリカは、月を火星探査に向けた中継点と位置づけており、月探査には科学的知見の収集だけでなく、ロケット燃料となる水素を作り出すための水を確保できないか調査する目的もあるのだ。

そして、この探査計画には日本も正式に参加表明をしており、物資供給などの得意分野で貢献しようとしている。他にも日本は2030年代の実用化を目指し、トヨタ自動車とJAXAが共同で、宇宙服なしで乗れる有人の月面探査車の開発を進めている。

さらにアルテミス計画では、月面基地の建設も構想されており、国際宇宙ステーション（ISS）のある高度400キロメートルにとどまっていた人間の活動領域が、大幅に広がろうとしている。そのような状況の中、『月を生活圏に。』を掲げ、月に挑む民間宇宙ベンチャー企業が日本にある。袴田武史氏がFounder & CEOを務める株式会社ispaceである。

始まりは民間による月面無人探査コンテスト

ispaceは、HAKUTOというチーム名で、Xプライズ財団が主催した賞金レース『Google Lunar XPRIZE（グーグル・ルナ・エックスプライズ、略称GLXP）』への参加を目的に設立された民間宇宙ベンチャー企業だ。

Xプライズ財団とは、不可能とも思えるような技術に挑戦することで、未来のための革新的なブレークスルーの誘発を目的とした世界規模のコンテストを主催・運営している組織である。コンテストと言っても内容は賞金レースで、株式会社クラブツーリズム・スペースツアーズの章（66ページ参照）で説明している民間による有人弾道宇宙飛行を競う『Ansari X Prize（アンサリ・エックスプライズ）』や袴田氏が挑戦した民間による最初の月面無人探査を競うGLXPなどがある。

GLXPのミッションは、民間開発の無人探査機を月面に着陸させ、ローバー（月面探査車）を500メートル以上走行させること。しかもローバーに搭載されたカメラで撮影した月面の動画や静止画を地球に送信しなければならない。

このミッションを最初に達成したチームには、優勝賞金として２０００万米ドル（1米ドル＝１１０円の換算レートで22億円）が支払われる。残念ながら、ＧＬＸＰは期限内にローバーを載せたロケットの打ち上げを全チームが達成できなかったために勝者のないまま幕を閉じてしまったが、もしかしたら袴田氏本人も出演していたauのＣＭ『僕らはみんな宇宙兄弟だ。』篇を見て知っている読者もいるのではないだろうか。『au×HAKUTO MOON CHALLENGE』として、ＨＡＫＵＴＯの挑戦に無線技術などでＫＤＤＩが共に挑戦していたのだ。

意外にも袴田氏がＧＬＸＰに挑戦したきっかけは、２００９年8月に招待された友人の結婚式だったという。偶然、隣の席に座っていたのがＧＬＸＰにオランダから参加していたチーム『ホワイトレーベルスペース』に関わっていた人物で、日本での資金調達を手伝ってほしいと話しかけられたのだ。

その当時、外資系経営コンサルティングファームに勤務していた袴田氏だったが、以前より宇宙産業の民営化には可能性を見出していた。実は、Ansari X Prizeをスケールド・コンポジッツ社の宇宙船スペースシップ1が達成した２００４年は、袴田氏がジョージア工科大学の大学院で航空宇宙を学び始めた年でもあり、優勝したスケールド・コンポジッツ社のエンジニアによる大学での講演を拝聴し、影響を受けていたことが背景にある。

ただ、ホワイトレーベルスペースの関係者からの依頼は、二つ返事で動ける内容ではなかったため、何もしないまま時間だけが過ぎていった。そして2ヵ月後の秋、再び彼から袴田氏に連絡が届く。日本でサポーターを募るための講演を手伝ってほしいというリクエストだ。このイベントには、東北大学の吉田和哉教授も講演者として名を連ねていた。吉田教授は、長年ローバーの研究開発を続けてきた人物で、地球から3億キロメートルも離れた小惑星イトカワの試料を採取して帰還した『はやぶさ』の開発にも関わっている。

「イベントを手伝った後の懇親会で盛り上がり、10人くらいが朝まで残って飲んでいました。その中に吉田教授もいらして、日本でも月面探査チームをつくろうという流れになったのです。それから、吉田教授と僕を含めた4名が、週末ごとに集まるようになったのですが、目的や意義、収益方法などの議論を重ねていくうちに、フィジビリティスタディとして、やるだけやってみようという話になったのです。もちろんすぐに会社を辞めるわけにはいかず、当面はボランティアベースでの活動になったのですが、それだと長く続かない危険性があったので、少しでも責任を持てるように法人化することにしました」

まさに運命的な出会いではあるが、酒の席での話がその場のノリだけでは終わらないのは、実行力のたまものではないだろうか。ちなみに『フィジビリティスタディ』とは、『新規事業などの実現の可能性を事前に調査して検討する』という意味で使われるビジネス用語だ。『費用対効果調査』『実行可能性調査』『企業化調査』とも呼ばれ、F／Sと表記されることもある。

こうして2010年9月、ホワイトレーベルスペース・ジャパンを設立。オランダのホワイトレーベルスペースと共同でGLXPにチャレンジすることになる。オランダのチームが月面着陸機を開発し、吉田教授を中心とした日本チームが月面探査車のローバーを開発するという役割分担でのスタートだ。GLXPに参加する日本で唯一のチームが誕生した瞬間でもある。

Google Lunar X PRIZEへの波瀾万丈な挑戦

２０１２年末、オランダのホワイトレーベルスペースから、ＧＬＸＰへの開発を断念するという連絡が入る。もともと想定していた50億円の資金の調達が難航し、現実的な開発ができなくなったことが理由だ。このときに日本チームも断念するという選択肢もあったのだが、日本チームとしては「成功の可能性が残っているうちは諦めたくない」というスタンスで、ホワイトレーベルスペースからＧＬＸＰのチーム権を譲渡してもらい、単独での挑戦に舵を切ることにする。２０１３年のことである。

「自分たちが単独で挑戦する以上、ホワイトレーベルスペースとの関係もなくなったわけです。もともと私たちは、民間での宇宙産業の市場や環境づくりなども視野に入れた活動を目指していたので、ＧＬＸＰの挑戦に限定しない、将来的にも事業として成長できるような方向性を見出していこうと考えました。そこで、合同会社から株式会社化し、社名も変更し、長期的な事業計画も作成することにしたのです」

社名のispaceは、飲み会の席で誕生した名前だという。宇宙をテーマに取り組んでいることが伝わるspaceに、『私のI』、『innovation（革新）のi』、『individual（独特）のi』、『inspire（鼓舞する）のi』など、いろいろな意味を含めたiをプラスし、『ispace』が生まれた。吉田教授の発案だったという。

実は同じタイミングで、袴田氏を含めたメンバー全員が勤めていた会社を辞め、ispaceにフルコミットするようになった。一番の理由は、GLXPの当時のリミットが2015年末だったため、現在の進捗具合では全員がフルコミットしないと、3年後の成功に間に合わないと判断したからである。また日本チーム単独になったことで、チーム名をHAKUTO（白兎）に変更し、ローバーのみの開発に的を絞ることにした。月面探査車ローバーSORATO（宙兎）の開発である。余談だが、このとき開発されたSORATOは、民間主導の月探査計画による技術開発が評価され、2019年10月にアメリカのスミソニアン航空宇宙博物館に寄贈されることになる。

こうして2013年5月、ispaceとして株式会社化するのだが、このとき袴田氏ほか創業メンバーがかき集めた資本金は1000万円。その資金のすべてを開発にまわすべく、メンバーは全員、完全無給で一年ほど働いていたという。そんな努力の甲斐もあり、2015年1月には、中間目標を達成したチームだけに与えられるマイルストーン賞を受賞。賞金50万ドルを獲得する。しかも最終的にはファイナリストの5チームにも選出されたのだ。スタート当初、GLXPには世界中から34チームが名乗りを上げている。この結果だけをみても、このレースがいかに野心的で過酷な条件だったのかがわかるはずだ。

そして2017年、HAKUTOの活動が認められ、ispaceは宇宙ベンチャーのシリーズA（最初の出資ラウンド）としては世界過去最高額となる103・5億円の巨額資金の調達に成功する。これはGLXPに参加したことによる知名度のアップと実績によるところが大きいが、実は隠れた要因として、技術開発以外の事業化への取り組みに対するトラックレコードが評価されたからだと、袴田氏は分析する。

トラックレコードとは、収益実績の履歴を意味する。HAKUTOにしてもパートナーシップ・プログラムによるKDDIの協賛など、単なる賞金レースへの参加ではなく、ビジネス面でも一応の成果を残している。宇宙というと、どうしても技術面が主体で語られることが多いが、技術ばかりが先行した結果、ビジネスにならなかった例は数多くある。そう考えると、技術はビジネスを支えるためにあるとも言える。もちろん技術がないとビジネスとして成り立たないことも事実であり、大切なのは技術とビジネスの両輪をバランスよく回すということになるのではないだろうか。

「私たちは、自分たちだけが儲かって、それを還元していくという考え方ではなく、一つの産業として日本の企業が利益を得るための環境作りに貢献したいと思っています。もちろん中長期的な取り組みにはなるのですが、多くの企業やプレーヤーが新しいビジネスに挑戦できるエコシステムを日本発信で構築したいのです。これこそ、日本のシェア拡大に直結した取り組みになると思っています。こんなにも大風呂敷を広げてしまうと戯言に聞こえるかもしれませんが、この考え方が多くの投資家たちに受け入れられたのは、ＧＬＸＰに参加をし、世界でもトップクラスのローバーの開発ができたという事実があるからだと自負しています」

ＨＡＫＵＴＯについては自力での月輸送ができなかったため、２０１８年3月の期限をもってレースへの挑戦は終了となった。ただispaceでは、独自のランダー（ローバーを運ぶ月着陸船）とローバーを開発することで、２０２1年に小型・軽量のランダーによる月面着陸、２０２3年には小型・軽量のローバーによる月面探査という2回のミッションを予定している。『ＨＡＫＵＴＯ－Ｒ』と呼んでいるプログラムである。Ｒには、『Reboot（再起動）する』という想いを込めたという。スペースＸのファルコン9を使用し、２０２1年と２０２3年に打ち上げを予定している。

「単純に民間による世界初の月面探査の実現だけを目指すプログラムがＨＡＫＵＴＯ－Ｒではありません。民間企業に月での新規ビジネスチャンスを提供することで、月を地球の経済・生活圏に取り込むことを目指しています。いままで宇宙に関わってこなかった非・宇宙企業が、技術面やビジネス面でのＲ＆Ｄの場として、最初にトライアルを実施するためのプラットフォームになりたいと考えているわけです。現在は7社の企業が、それぞれチャレンジのテーマを掲げ、HAKUTO－Rというプラットフォームを活用してくださっています」

たとえば、HAKUTO－Rに使用する2機のランダーの組み立ては、JALのエンジン整備センター（成田）を使用するだけでなく、溶接などの組立作業の一部についても技術支援を受けている。この他にも、日本特殊陶業には電解質に液体を一切使わない全固体電池の実証実験でのサポート。シチズン時計には、スーパーチタニウム技術。スズキにはランダー脚部の構造設計など幅広い技術支援を受けている。また、高砂熱学工業は水電解技術により世界初となる月面環境における水素ガスと酸素ガスの生成に挑戦したり、三井住友海上はリスク管理面での支援として、たとえば『月保険』のようなサービスを新たに開発したり、住友商事は民間での宇宙開発を通じた新たな価値創造を目指すなど、技術面以外でもHAKUTO－Rが宇宙と民間企業とを結ぶプラットフォームとなっているのだ。

月に眠る貴重な水資源を活用して宇宙インフラを構築

現在、月には数十億トンの水が存在していると考えられている。最初の発見は、1994年1月にまでさかのぼる。アメリカの月探査機『クレメンタイン』が、月の南極に位置するいくつかのクレーターの底部に、水が存在する可能性を示唆する観測結果を得たのだ。その後、インド初の月探査機『チャンドラヤーン1号』でも水の存在につながる確認がされている。

月に水があれば、水分補給に活用できるだけでなく、水素や酸素を得ることができ、人間が月に住むときの酸素やロケット推進剤の原料にできると期待されているのだ。

実はispaceでは、月を生活圏にしたムーンバレー構想を掲げている。2040年、月には1000人が暮らし、年間1万人が訪れる月面都市ができるという構想だ。

「月面の多くは、レゴリスと呼ばれるとても細かいパウダー状の砂で覆われています。水資源は特に、南極や北極の寒いエリアにあると言われており、レゴリスを60〜

100センチくらい掘ると、水分子を多く含んだ永久凍土のような層が出てくると考えられています。この埋蔵されている水資源の発見競争が、すでに始まっているというのが弊社の認識なのです」

NASAは、物資を月へ輸送するサービスを民間企業から公募するプログラム、CLPS（Commercial Lunar Payload Services ― 商業月ペイロードサービス）を2017年12月に発表した。今後10年間で、契約総額で最大26億米ドル（1米ドル＝110円の換算レートで2860億円）を使い、20回の輸送サービスを民間から購入するというプログラムだ。このプログラムにispaceも、ドレイパー研究所が主体となってリードするチームに協力する形で参加していく。これまで半世紀以上、国家が主導してきた月探査が、これからは民間企業が重要な役割を果たす時代になるわけだ。

この背景には、水資源を中心とした資源の獲得という国家間の競争があるのではないだろうか。いままで月探査はアメリカがリードしてきたイメージが強いが、2018年12月に中国の無人探査機『嫦娥《じょうが》4号』が世界で初めて月の裏側に着陸した。

この成功は世界中を震撼させたが、その大きな理由のひとつに、月の裏側は地球からの電波が届かない制御不能なエリアということがある。たとえば1968年、アポロ8号の宇宙飛行士が初めて月の周りを飛行した際には月が通信をブロックしてしまい、地球との交信が途絶えた時間があった。中国はこの問題を解決するために、月の裏側と地球との通信を中継するための専用の衛星を打ち上げたのだ。

このような中国の台頭もあり、NASAは月への開発を急ピッチで進めている。そこには2033年の実現を目指す火星の有人探査計画に向けたトランプ大統領の思惑があるのかもしれないが、NASAは月探査に向けて民間から荷物を運んでくれるサービスを購入することを決定した。これには民間に資金を提供することで、アイデアや技術を競わせ、低コストでサービスを入手したいという狙いがあるのだが、一方で民間企業は開発資金を得ることができる。お互いにメリットがあるというわけだ。しかも政府系機関からの継続的な受注を獲ることができれば、民間企業としては資金的な追い風にもなる。

ただＣＬＰＳでは、「10キログラムの物資を輸送できる能力を有すること」とあるだけで、月面に何を運ぶのかまでは明らかになっていない。しかもどの企業がいつ受注できるのかも決まっていない状況ではあるが、ispaceではＨＡＫＵＴＯ－Ｒのランダーの設計をベースに、ＣＬＰＳ用のランダーを開発していく方針だという。

宇宙は産業ではなく、場所として考えることが重要

現在、宇宙産業は大きく成長しており、40兆円ほどの市場規模があると言われている。しかも２０４０年代には１００～３００兆円の市場規模になると推測されており、今後大きく成長する産業であることは間違いない。ただ袴田氏は、「宇宙は産業ではなく、単なる場所として考えることが重要」と力説する。

『宇宙』も『海』などと同じ場所であり、海を利用した養殖産業というように、『宇宙資源によるエネルギー産業』『宇宙を利用した通信産業』というような形で、マーケットが育っていくというのだ。

「将来的に宇宙に人間が住み始めると、人間の生活に必要となるすべてのインフラやサービスが宇宙でも必要になってきます。そして、それを支えるための付随的な産業も生まれてきます。人間が移動し、生活する以上、地球で必要なものは月でも必要になるのです。しかもそれらのサービスは、宇宙企業という特別なプレーヤーの領域ではなく、地上で同じサービスを提供していたプレーヤーが、そのまま宇宙に適した形で提供していくことになると思っています」

宇宙産業は、サービスの提供が主体となる。車や家庭用ゲーム機のようなモノを提供するというよりは、輸送や体験といったサービスの提供である。しかも日本だけで考えると、残念ながらマーケット的には小さく、国内だけを相手にしていたのでは大きな成長は望めない。宇宙で何か事業をしたければ、必然的にグローバルな市場で戦う以外に道はないのだ。

「国内需要が少ないということは、海外で何が求められているのかを的確に把握することが大切になります。当たり前ですが、最低でも英語が喋れないと話になりません。また日本を拠点に事業をするのであれば、海外の企業が、わざわざ日本のサービスを購入したくなるような構造を作る必要があります。たとえば自動車産業のときは、『日本車は高品質だから購入したい』という明確な理由がありました。日本の企業がグローバルで戦うには、宇宙にも日本独特の強みや差別化が必要で、そのためのブレークスルーを見いだすことが重要だと考えます」

このように世界を相手にするグローバル市場では、日本独自の差別化が必須になるのだが、ispaceではその一環としてコスト構造の改革に取り組んでいる。宇宙産業においても、価格面の優位性は、競争社会の大きな強みとなるからだ。たとえばひとつの方法として、少数精鋭による短期間での開発がある。部材費の割合よりも、人件費の割合の方が、コスト構造的に遥かに大きいからである。

極端な例だが、100円の部品といえども社内で新規開発するには、設計だけでなく安全性や信頼性の試験を繰り返す必要がある。しかも大量生産して何百万個も売るような商品とは違い回数も限られる。そう考えると、一般的な民生品を積極的に採用することで、時間と人件費を削減した方が、コスト構造の改革には極めて有効なのである。

宇宙産業の課題は技術ではなく経営者

「宇宙産業で問題なのは、経営者がいないことだ。みんな技術ばかりをやりたがる」

これは、アメリカの宇宙ベンチャーが集うカンファレンスに袴田氏が出席したときに、有名なエンジェル投資家が講演で語っていた言葉だ。新しく開発した技術を保有しているエンジニアや、これから新しい技術を開発したいと思っているエンジニアは大勢いる。しかしそれをビジネスとして成立させるには、エンジニアに給料を支払い、開発した技術を製品やサービスにまで落とし込む作業が重要となる。世の中に必要とされる仕組みを構築しなければならないのである。そのような環境作りを行うのが経営者の役目なのだ。袴田氏は先のエンジェル投資家の発言に共感し、自身の方向性の正しさを確信したという。

　また袴田氏は、「宇宙を夢物語として捉える」ことに異を唱えてもいる。夢と思っているうちは、誰も行動しないというのだ。すでに我々の生活は、GPS、気象衛星、通信衛星など、宇宙のインフラによって支えられている。しかも高速インターネットなど人類の宇宙への依存度はより深まっていく方向にある。この巨大化した宇宙インフラを、いかに効率的に維持・メンテナンスしていくのかが、今後の重要なテーマになるというわけだ。

「気象観測用衛星などの静止衛星は、地上から3万9000キロメートル離れた位置を周回しています。月からだと約30万キロメートルも離れているわけですが、月から直接資源を調達すれば、輸送コストを100分の1に抑えることができます。これは月と地球との重力の差であり、月の経済合理性は圧倒的なわけです。すべてを地球から打ち上げていたら、エネルギーコストが高額になり、合理性に欠けるというわけです。これらは我々が月に着目している理由のひとつでもあります」

ispaceの究極の目標は、地球と月とがひとつのエコシステムになることだ。もちろんこれには月に眠る水資源の活用から生まれる宇宙インフラの構築が必須になるわけだが、将来的には宇宙インフラを軸とした経済が、地球に住む人々の生活を支えるような未来がくるのかもしれない。

このように宇宙を活用する目的は、効率やコスト面だけでなく、人類全体の持続可能性からも重要なのである。持続的に生活し、生存できる環境を維持していくことは、一義的には地球を守ることを意味する。そして地球を守るためには、地球の中だけで問題を解決するのではなく、宇宙を活用していくという視点に立つことが重要になるというわけだ。たとえばＳＤＧｓのような社会的な問題も、宇宙インフラの力を借りることで、根本的な問題解決につながるかもしれないのである。

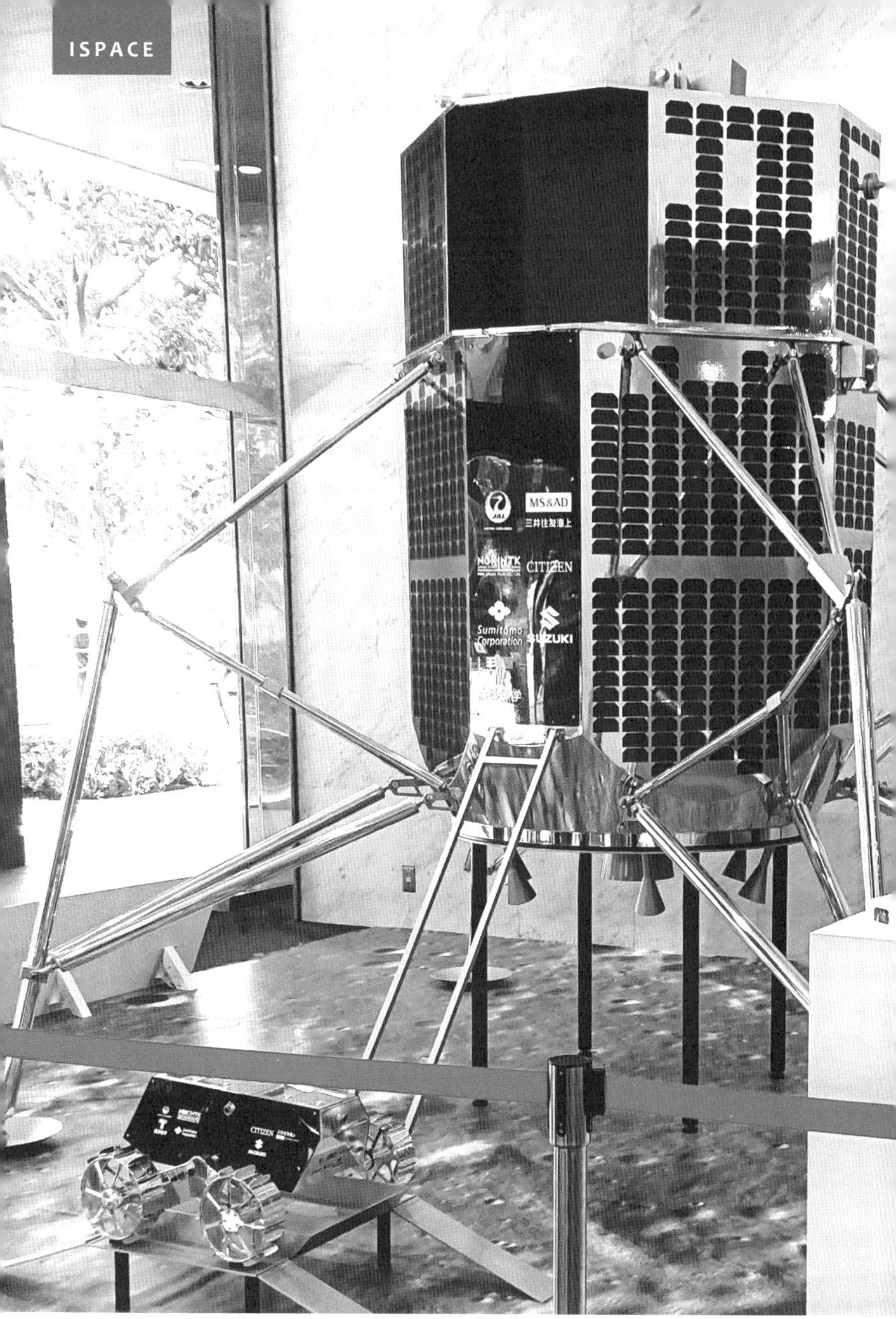

2021年と2023年に打ち上げを予定しているHAKUTO-Rの小型・軽量のランダーと小型・軽量のローバー

コラム

1969年7月21日
人類史上初めて月に到着（着陸地点は静かの海）

月着陸船イーグル号から降り、人類で初めて月面を踏みしめたニール・アームストロング船長。月面にくっきりと残る足跡の写真は有名だ。

このとき、アメリカと旧ソ連の宇宙計画で命を失った5人の宇宙飛行士のための記念碑が、月面に置かれる。記念碑には「地球から来た人類がここに初めて足跡をしるす。西暦1969年7月。すべての人類のため、我々は平和のうちに来た」と刻まれている。

月面に21時間36分とどまり、21kgの月の石を地球に持ち帰った。

2018年12月打ち上げ
中国の嫦娥4号
世界初となる月の裏側に着陸する。

2013年12月打ち上げ　中国の嫦娥3号
1976年の旧ソ連の「ルナ24号」以来37年ぶり、
世界で３カ国目となる月面軟着陸に成功する。

2008年10月打ち上げ
月探査機チャンドラヤーン１号
インド初となる月探査機で、水の存在につながる確認をする。

2007年9月打ち上げ　月周回衛星かぐや
本格的な月の探査を実施。

詳細な地形の観測により約50メートルの縦孔を発見する。

1994年1月打ち上げ　アメリカの月探査機クレメンタイン
月の南極に位置するいくつかのクレーターの底部に、水が存在する可能性を示唆する観測結果を得る。

1990年1月打ち上げ　工学実験衛星ひてん
アメリカ、旧ソ連に次いで3番目、日本としては最初に月に向かった衛星。2年後に月周回軌道に投入された。

人類と月との歩み

1968年12月打ち上げ　アポロ8号
人類初の有人月周回飛行に成功。10周し、数百枚に及ぶ月面写真の撮影と着陸候補地5カ所を決定した。

1969年7月打ち上げ　アポロ11号
人類史上初となる月面に降り立つ。月面に星条旗を立てる様子など、世界中がテレビ中継を見守った。

1969年11月打ち上げ　アポロ12号
地球への帰還時、科学調査のため、切り離した着陸船を月面に衝突させて人工地震を実施。

1970年4月打ち上げ　アポロ13号
事故が発生して着陸ができず、地球へ緊急帰還する。

1971年2月打ち上げ　アポロ14号
地球から持っていったゴルフクラブで、ゴルフボールを2球打つ。

1971年7月打ち上げ　アポロ15号
月の地質を調査するために月面移動車を初めて使用。

1972年4月打ち上げ　アポロ16号
初めて月の高地を探査。

1972年12月打ち上げ　アポロ17号
アポロ計画で最後に打ち上げられた宇宙船。

空白の期間へ突入

株式会社ALE

代表取締役/ CEO / 博士(理学)　岡島《おかじま》 礼奈《れな》

世界初となる人工流れ星など、宇宙を舞台にしたエンターテインメントによって人々の好奇心を刺激するとともに、科学的価値の高いデータを観測・解析することで、科学とエンターテインメントを両立させた宇宙技術の革新を目指す。

人工流れ星は宇宙を舞台にしたエンターテインメント

宇宙や星に普段はあまり興味のない人でも、巨大流星群の話題がＳＮＳやニュースで流れると、わざわざその時間に家の外やベランダに出ては、夜空を見上げて流れ星を探したことがあるのではないだろうか。期待に胸を躍らせながら、友人とどちらが多く見つけられるか競ったはいいが、思ったほど流れ星を見つけられなくてガッカリしたという経験は、『流星群あるある』かもしれない。

ましてや映画のワンシーンのような見事な流れ星を見る機会はそうそうなく、多くの場合、たまにしか流れ星が降らない夜空を見続ける羽目になる。たとえ見られたとしてもあまりにも一瞬すぎて、「いまのって流れ星？」と迷うほどだ。もしも希望の場所と時間に、世界中のどこにでも人工流れ星を降らせることができたら、流れ星に願い事をする人が、いまよりももっと増えるはずだ。

野外ライブのオープニング。新年を迎える10秒前。特別な日に街全体でカウントダウンしながら流れ星を待つ。願い事を言う前に一瞬で消えてしまうような天然の流れ星とは違い、ブルーやオレンジ色に光る人工流れ星は3〜10秒間も見ることができるため、長めに願い事を言えるかもしれない。しかもその様子は、直径約200キロメートルの広大なエリアで、関東圏ならおよそ3000万人が同時に楽しむことができるのだ。

観客たちが、夜空に光る流れ星を見つめながら心の中で願い事をしていると、余韻をかき消すかのようにスポットライトが野外ステージを一斉に照らし、会場が一気に熱気に包まれる。人気バンドのカウントダウンライブの幕開けだ。

そんな夢のような宇宙を舞台にしたエンターテインメントの提供を目指し、人工流れ星の制作に取り組んでいる民間宇宙ベンチャー企業が日本にある。理学博士（天文学）である岡島礼奈氏が代表取締役社長を務める株式会社ALE《エール》だ。

流れ星が光る原理をご存知だろうか。大気圏に突入した塵《ちり》が摩擦熱により燃えることで光っていると思っている人が多いだろうが、実はこれは大きな間違いである。大気圏に突入した塵は、大気の『断熱圧縮』で高温になり、塵がプラズマ化するため発光して見えるのだ。

断熱圧縮は聞きなれない言葉ではあるが、身近なところではエアコンの暖房がこの原理を応用している。空気は『断熱膨張』と言って、一気に膨張させると温度が下がる性質を持っている。逆に空気を一気に圧縮すると、熱が発生して温度が上がる。これが断熱圧縮である。エアコンは、夏は暑い空気を一気に膨張させることで冷たい空気を作り、冬は冷たい空気を一気に圧縮させることで暖かい空気を作っているのだ。

流れ星は、ものすごいスピードで大気圏に突入するため、たとえ小さな塵でも、前方の空気が急激に圧縮され、膨大な熱が発生する。この熱は金属でできた人工衛星ですら溶かして消滅させてしまうほど高温のため、塵は原子核と電子がバラバラな状態になる。これがプラズマと呼ばれる現象で、このときに光を発するというわけだ。

プラズマは簡単に言うと、固体、液体、気体の次の状態である。たとえば冷凍庫に入っている氷（固体）を温めると水（液体）になり、さらに温めると水蒸気（気体）になり、もっともっと温めると、原子を構成しているプラスの原子核とマイナスの電子がバラバラになってしまう。この状態がプラズマで、太陽や星を含め、宇宙の99・9パーセント以上はプラズマでできている。たとえばオーロラは、プラズマのエネルギーで発光する自然現象なのだ。

岡島氏は、2001年のしし座流星群を天文学科の仲間と一緒に見に行ったときの雑談の中から、「流れ星が小さい粒の塵なら、人工的に再現できるのではないか」というアイデアを思い付いたという。有名なしし座流星群でさえ、流れ星がシャワーのように降り注ぐシーンを見られるわけではない。流れ星がなかなか降ってこない夜空を見上げているときに芽生えた「絵に描いたような流れ星を見てみたい」という願いが、ビジネス(創業、アイデア、人工流れ星)のきっかけになっているのだ。

宇宙から取得したデータを有効活用して社会に役立てる

ALEといえば、世界初となる人工流れ星に挑戦している企業として注目されることが多いが、岡島氏は「ALEが人工の流れ星を流すだけのエンターテインメント企業ならやる意味はない」と言い切る。ALEは科学とエンターテインメントの両立による宇宙技術の革新を目指しており、これまでデータ計測が困難だった中層大気の大気組成や風速などのデータを取得することで、人類の持続可能な発展に貢献したいと思っている。

ＡＬＥの人工流れ星は、高度４００キロメートルに打ち上げられた人工衛星に組み込まれた人工流れ星放出装置から、人工流れ星の素となるビー玉大（直径約1センチ）の金属の粒（流星源）を放出することで生まれる。放出された流星源は、約７５００キロメートル飛行（約18分間）した後に大気圏に突入し、高度60～80キロメートルの中層大気で流れ星となって光るという仕組みだ。

実はこの中層大気は気象と密接に絡んでいると言われているのだが、気球でも行けず、人工衛星でも観測しにくいなど、観測の手段がとても少ない。大気圏の中で最も謎に包まれた『空白の領域』と言われている。そのため研究者の中には自然の流れ星を待って、中層大気を研究する学者がいるほどなのだ。

「光っている流れ星の様子を分光器で分光すれば、風速のデータを収集することができます。この他にも、大気の温度や成分、密度のデータも取得できるのではないかと考えているサイエンティストたちもいます。近年問題になってきている異常気象などに、これまでの気象予測では捉えていなかった中層大気の要素をプラスすることで、気象モデルをより進化させられるのではないかと思っています」

ＡＬＥではデータサービス事業を加速させるため、気象学分野では著名な専門家とのサイエンス・アドバイザリー契約を締結した。これにより、気象学やデータ同化に関する深い知見を活用することができるわけだ。今回の契約締結は、中層大気データによる気象予測の精度向上や異常気象のメカニズム解明に貢献したいというＡＬＥの強い意志の表れではないだろうか。

天然の流れ星と違い、入射角、速度、成分がわかっている人工流れ星を基準にすることで、自然界の隕石や流れ星などのメカニズムの解明に役立てたり、不要になった人工衛星や国際宇宙ステーションなどの人工物を大気圏に突入させ、完全に燃え尽きるように廃棄させる際の予測データとして活用したりするなど、気象関係以外にも人工流れ星のデータには幅広い分野で価値提供が期待できるとＡＬＥは考えている。

「宇宙を研究・開発することは、人間が住みやすい地球環境の継続的な維持に応用できると考えています。たとえば火星に移住するための技術として開発されている火星のテラフォーミングが、砂漠の緑化に応用できるかもしれないわけです。こうした極限状態で行う宇宙空間での実験は、私たちの地球をより住みやすくするための技術に応用できるはずなのです。流れ星を流すことで得られる中層大気の大気データもその一つで、気候変動を予想する上で重要な要素になるのではと考えています」

テラフォーミングとは、『地球化』のことで、人為的に惑星の環境を変化させ、人間の住める星に改造することである。

ＡＬＥでは人工流れ星やデータサービスの他に、『宇宙デブリ拡散防止装置』をＪＡＸＡ（宇宙航空研究開発機構）からの協力を得て、開発している。この装置は宇宙ゴミの拡散防止を目的としたもので、人工衛星に搭載すると、たとえ電源系統が故障していたとしても、人工衛星の軌道を急速降下させ、地球大気に突入させることができる。

役目を終えた衛星を宇宙空間に放置したままにするのではなく、強制的に地球大気に突入させて燃やしてしまおうというわけだ。この装置は小型宇宙ロケットにも搭載が可能で、ミッションを終えたロケットや衛星のデブリ化（宇宙ゴミ化）防止に向けて、2021年度内の宇宙空間での実証を予定している。

このように地球だけでなく宇宙環境のサステナビリティーにも取り組んでいるALEを創業し、代表取締役社長を務める岡島氏とは、どのような経歴を持った人物なのだろうか。

ビジネスの適性を活かし、天文学とビジネスの架け橋を担う

岡島氏にビジネスの適性があることは、大学生のときのエピソードからもわかる。実は学生時代に起業しているのだが、これは生活費を稼ぐためのバイト探しがきっかけだったという。

当時はライブドア全盛期だったこともあり、彼女が家庭教師のアルバイトを探し

ていると、理系の学生なら家庭教師よりもプログラミングの方が稼げることを知る。ただ残念なことに彼女自身はプログラミングができない。そこで岡島氏は、プログラマーを集めてゲームやアプリ開発、コンテンツ制作などを請け負う受託開発ビジネスを立ち上げたのだ。東京大学ということもあり、優秀なプログラマーが同級生にはたくさんいる。同級生たちも会社に雇われてバイトとして働くよりも、外注として業務委託で請け負った方が、同じ仕事内容でもより多く稼ぐことができる。岡島氏は受託会社として仕事を回す仕組み作りとディレクション業務を行うことで、学業の傍らにもかかわらず、売り上げ規模で1億円にまで成長させたというから驚きだ。

「スタートがお小遣い稼ぎのアルバイト感覚だったこともあり、ある時期を境に私は理学博士号の取得に専念し、会社は創業メンバーに託すことにしました。ただ将来的には再び起業したいという思いがあり、投資家目線やファイナンスの知識を身につけられればとゴールドマン・サックスを就職先に選びました。実際、外資系金融機関の仕事内容はチャレンジングで、企業を買収し、ハンズオンで経営を立て直しては、企業価値を高めて売却するというビジネスの仕組みを学ぶことができたと思います」

しかし、リーマンショックにより所属部門が大幅に縮小。たった1年で退職することになる。

それから転職活動をするのだが、1年という短い職歴がネックとなり、スムーズに再就職先が決まらなかったという。そんなとき国連で働いていた友人から声をかけられ、日本企業の振興国進出を支援するコンサルタント会社を一緒に設立することにする。その当時、新興国の景気がとても良かったという理由が一番にあるが、ビジネス英語をマスターしたいという目論見もあったという。2009年のことである。

「その会社では、事業の仕組み作りを中心に尽力していましたが、学生のときのアイデアである人工流れ星の実現に向けて論文を読むなど、着々と準備を進めていました。そして子どもを出産したことを機に、時差のある国を相手にするコンサルタントの仕事を辞め、ALEの設立を決意したのです。2011年のことです。といっても最初はペーパーカンパニーで、ALEの仕事は週に1回程度。残りは業務委託のようなバイトをしては、その収入を流れ星の研究開発に費やしていました」

事業化できるのかさえも手探り状態のまま、大学教授などと基礎研究の開発に取り組んでいたという。このとき事業化に踏み切れなかった一番の理由が、求める明るさに流れ星が達していなかったこと。しかし転機は思わぬ形で訪れる。人工流れ星のプロジェクトが新聞で紹介されたのをきっかけに、この問題をクリアしてくれる新しい協力者が現れたのだ。結果、周囲の助けや偶然の発見もあり、ネオンの輝く都会の夜空でも見ることができる明るさの流れ星を作ることに実験レベルで成功。これにより事業化に向けて大きく舵を切ることになる。

そして2016年までに計7億円の資金調達を実施。これらすべてがエンジェル投資家からの出資で、事業として何も結果が出ていない時期に、流れ星という誰もやったことのない夢に賭けてくれた彼らの支援には感謝しかないという。こうしてALEは、世界初の人工流れ星の実現を目指して本格的に動き始めたのだった。

未知との戦いである宇宙産業は失敗も想定内

未開拓地に挑戦するビジネスは、失敗から学ぶしかない。これは先駆者の使命といってもいいかもしれない。世界初の人工流れ星を実現させるには、想定外の事態を一つひとつクリアしなければならないのだ。

その意味では、2019年1月にJAXAのイプシロンロケット4号機に積載されて打ち上げられた初号機にも試練はあった。大型ロケットにより高度500キロメートルの軌道に投入されたのだが、高度400キロメートルの軌道には国際宇宙ステーション(ISS)が飛行している。通常通りであればISSより高い位置からの流れ星の放出となるわけだ。

実はALEがゼロから開発した人工流れ星放出装置は、宇宙ゴミ(デブリ)に対する世の中の意識の高まりを考慮し、有人宇宙船並みの安全基準を満たしている。このため高度500キロメートルの軌道から人工流れ星を放出したとしても、ISSにぶつかるようなことは絶対に起こらないのだが、結果的には初号機の高度を100キロメートル下げることに決めた。

しかし初号機が高度400キロメートルまで下降するには、約1年もの日数を要するという。搭載されている軌道コントロール装置が、傘のような膜を広げることで、宇宙空間にわずかに存在する大気の抵抗を利用して下降するためだ。これにより、世界初の人工流れ星は2号機に託され、2020年春の実現を目指していたのだが、残念ながらこれも断然せざるを得ない事態に追い込まれてしまう。

2020年春、『SHOOTING STAR challenge』として広島・瀬戸内地方で世界初の人工流れ星を発表していたのだが、ロケットラボ（Rocket Lab）からの打ち上げ延期の連絡により、中止を余儀なくされてしまったのだ。ロケットラボは、アメリカを拠点とするロケットベンチャー企業で、小型衛星専用ロケット開発会社である。

初号機を打ち上げたイプシロンロケット4号機のような大型ロケットには、同時に複数の人工衛星が積載される。そのため自分たちで軌道高度を決定することができなかったという苦い経験から、2号機は軌道高度を選べる小型ロケットを選択したのだ。しかし残念なことに、オンタイムでの打ち上げができず、イベントを白紙にするしかなかったという。

それでも2020年中には、2号機による世界初となる人工流れ星の実現を目指していたのだが、打ち上げ後に放出装置の動作不良がみつかり、断念することを発表した。これにより世界初の人工流れ星は3号機に夢を託すことになった。

ただ2号機の打ち上げがまったく無駄になったということではない。その他の検証やノウハウの蓄積、機械・電気・ソフトウェアのエキスパートの増員など、失敗から多くのことを学ぶことができた。また宇宙空間では、超高真空と呼ばれる地上では想定できないような特有の影響を受けるなど、宇宙に挑戦することの厳しさも知ることができたという。

日本の技術を生かせる場所として、天文学のビジネスへの展開を目指す

中国に抜かれはしたものの、宇宙産業は日本が世界に勝てる数少ない分野だと岡島氏は力説する。ＩＴはＧＡＦＡが圧勝し、ＡＩはＩＴの派生的な位置づけ、自動車産

業もEV化が進むと将来的に不透明である。家電産業がそうであったように、このままだと日本が積み上げてきたモノづくりの技術を生かせる場所すらなくなってしまう懸念があるのだ。

「いま日本が宇宙産業を手掛けないでどうするんだと、本気で思います。人工衛星やロケットを作ることができ、それを打ち上げられる技術があり、衛星データの活用から運営までを国内で完結できる。日本はそんな数少ない国のひとつなわけです。だからこそ、国もスタートアップ時は公的資金で買い支えるなどの支援をし、産学官民が一体となって宇宙産業に取り組まないと、日本の宇宙ベンチャー企業が世界で生き残ることは難しいと思っています」

宇宙産業に限らず、これからはグローバルな戦いになる。日本の価値観だけにとらわれず、世界的な視野を身につけることが大切だと岡島氏は語る。

ALEでは現在、人工の流れ星を1回放出するための価格として、1億円を想定している。ちなみに1回の放出で人工流れ星を見ることができる数は10~20粒規模。大型の式典や野外フェスティバル、シティプロモーション、船や飛行機などの観光旅行などに販路を見出しているとのこと。これを高いと感じるか安いと感じるかは人によって違うと思うが、海外では特に驚かれる値段設定ではないという。

実は人工流れ星が中止となった2号機には、流星源にブランド米『星空舞』を2粒程度詰め込んだ人工流れ星を流す計画があった。星空舞は、岡島氏の出身地でもある鳥取県のブランド米で、従来の稲の弱点である倒伏や病気、夏の暑さに強く、その上、美味で炊き上がりが『星のように輝く』という特徴を持つ。

『流れ星でお米を流す』は、約20年の歳月をかけてようやく完成した星空舞のPRを兼ねたプロジェクトである。実はこのプロジェクトの担当者は、『星取県』を発案した人物でもあり、鳥取県は現在、星の見えやすい環境を生かした観光PRを行っているが、これらはすべて岡島氏との出会いがきっかけで生まれたものだという。

このようにALEが挑戦する人工流れ星は、多くの人たちを巻き込むだけの魅力がある、まさに『夢のある事業』である。しかし一方で初期投資が大きく、研究開発費やロケットの手配などに多額の資金を要する。しかも、衛星を打ち上げた後は宇宙に流星源という在庫を抱えることになり、ビジネスの定石からは外れた突拍子もないものでもある。そんな誰も踏み込まないビジネスにあえて挑戦するのは、「天文学とビジネスをつなぐことで、基礎科学の発展に貢献したい」と願う岡島氏の強い想いがあるからこそだ。

実際、基礎科学の分野が発展するのではないかと期待し、力を貸してくれる大学や研究所、投資家が増えてきているという。そこには、基礎研究は公的資金や寄付金に頼らなければならないという背景があるからだ。

岡島氏の真の目標は、優秀な研究者が資金集めに奔走することなく、基礎科学に資金を回せる新しい仕組みを作り、科学を発展させることなのである。

株式会社SPACE WALKER

代表取締役CEO　眞鍋《まなべ》 顕秀《あきひで》

東京理科大学理工学部機械工学科 宇宙システム研究室との共同研究により、誰もが飛行機に乗るように自由に宇宙と往き来ができる未来を目指し、スペースプレーンの研究・開発を行っている。

スペースプレーンで有人宇宙飛行の実現を目指す

スペースプレーンという言葉をご存知だろうか？　簡単に言うと宇宙と往き来ができる有翼再使用型ロケットのことである。ＳＦ映画ではお馴染みだと思うが、飛行機なのになぜか宇宙を飛び交っているあの乗り物である。実はこのスペースプレーン、ＳＦ映画の空想の世界だけではなく、地上と宇宙空間とを結ぶ宇宙輸送システムとして、日本でも40年近く研究が続けられている。しかも実際にスペースプレーンを使って宇宙旅行を目指している企業が日本にもある。その中の一社が株式会社SPACE WALKERである。

日本におけるスペースプレーンの研究のひとつに、１９８４年に旧宇宙科学研究所により計画されたＨＩＭＥＳ飛翔体がある。SPACE WALKERの創業メンバーであり、最高技術責任者でもある米本浩一氏が参加しており、将来型の宇宙輸送システムとして完全再使用型ロケットを実現するために必要となる技術開発を目指して研究を行っていたプロジェクトだ。

このとき考えられていたスペースプレーンの理想型は、発射時は空気を利用した燃焼エンジンを使用する方法である。これにより一般的な旅客機のように滑走路からの水平離陸が可能となる。その後、高度を徐々に上げていき、空気の薄い空間まで上昇したタイミングでロケットに点火。そのまま宇宙空間に到達するという仕組みだ。

宇宙からの帰還時も同様に、大気圏への再突入飛行を行った後、離陸したときと同じ、または別の着陸場に到着し、その場で点検や整備を行った後、再び離陸して宇宙を目指す。まさに完全再使用型の有翼ロケットである。

ただ実際に計画されていたHIMES飛翔体計画の飛翔体は、打ち上げは通常のペンシル型のロケットと同じ垂直発射によるサブオービタル飛行であった。もちろん完全再使用型ロケットのため飛行後は旅客機と同様に滑走路への水平着陸となる。

このようにHIMESの研究開発は、完全再使用型有翼宇宙輸送システムの実現を目指して活動していたのだが、いくつかの実験と成果を残した後、残念ながら予算の関係でプロジェクトは中止となってしまう。その後、研究内容はHOPE－Xに引き継がれるが、こちらも2000年に凍結。川崎重工業としてプロジェクトに参加していた米本氏は、これを機に九州工業大学へと移籍することで、有翼ロケットの研究開発を継続する道を選ぶ。

九州工業大学では、ＷＩＲＥＳ（WInged REusable Sounding rocket の頭文字を取った再使用型有翼ロケット実験機の名称）を使用した飛行実験を繰り返すなど、有翼ロケットの研究開発を進めていた米本氏だったが、大学だけでの研究に限界を感じ始めていた。より大規模な実験を目指したいと思うようになってきたからだ。そこには、宇宙航空研究開発機構（ＪＡＸＡ）との共同研究が決まったり、実験機の打ち上げに成功したりするなど、技術的にも実現可能なレベルにまで達してきたという確信があったからである。しかも民間での宇宙産業ビジネスが活発化してきている状況もあり、米本氏は商業化に向けて動き出すことを決意する。

それからは大学教授でありながら、ひとりでベンチャーキャピタルを回り、資金調達に奔走していたという。その熱い思いに、徐々に支援してくれる仲間が集まり始める。現在、代表取締役ＣＥＯを務める眞鍋顕秀氏であり、若手経営陣たちである。設立当時で米本氏はすでに64歳、眞鍋氏や副社長を務める保田氏などは30代ということで、SPACE WALKERはこの親子ほど年の離れた異業種出身者たちとの出会いから始まったといえる。

会社のミッションは、2027年を目標とする、乗員・乗客8名による日本初の有人宇宙飛行の実現だ。機体は再使用可能な有翼ロケット。

この目標に向け、東京理科大学(米本氏が定年により九州工業大学から東京理科大学に移籍したことを機に、開発拠点が東京理科大学に移る)、IHI、IHIエアロスペース、川崎重工業、宇宙航空研究開発機構(JAXA)、株式会社アイネットなどの技術パートナーたちと連携し、オールジャパンでスペースプレーンの実用化を目指すことにした。

「SPACE WALKERの役割は、これまで日本が培ってきた宇宙関連技術を取りまとめる〝インテグレーター〟になることです。大学発というオープンな研究成果がベースにあるため、自社開発により技術的なノウハウを蓄積するメーカーという立場ではなく、サービスを提供する企業体としての位置づけを構想しています」

〝インテグレーター〟を直訳すると、『統合する人』『融合させる人』という意味になるが、SPACE WALKERは眞鍋氏が語るようにスペースプレーンの開発をすべて自社で賄うのではなく、技術パートナーごとに役割を決めて開発を進めている。

IHIはエンジン開発、IHIエアロスペースはSPACE WALKERとの共同研究による燃料タンクの開発、川崎重工は機体構造、新しく技術パートナーに加わったアイネットは電子・電装系、地上用の設備を担当するといった具合だ。すべての管理と調整は、インテグレーターとしての役割を担うSPACE WALKERが行う。

このようにワンチームで各社が得意とする分野を担当し、事業目標として掲げるマイルストーンをキープした方が得策だと考えたわけだ。世界的に宇宙産業が動き始めたいま、成功するにはスピードが重要である。SPACE WALKERがゼロベースからスペースプレーンのすべてを自社開発するのは、時間的に不利ということだ。

宇宙業界のベテランと異業種出身者との世代を超えたコラボ

ワンチームで得意な分野を担当するという考え方は、世代や業種を超えたSPACE WALKERの異色な立ち上げメンバーによる組織体制に通じるものが大きいかもしれない。代表取締役CEOを務める眞鍋氏は、世界最大の会計事務所であり、世界四大会計事務所の一つでもあるデロイト・トウシュ・トーマツから独立し、会計事務所を設立・経営していた公認会計士である。そんな彼が、30歳近くも歳の離れた米本氏と共に、SPACE WALKERの創業に参加することを決めたのはなぜだろうか。

「宇宙産業のことはまったく知りませんでしたが、イーロン・マスク率いるスペースXが、『ファルコン9』のロケット第1段を逆噴射で着陸・回収したニュースを見て、〝面白い時代に突入している〟と、直感しました。それに会計士が会計事務所をやっていても、普通すぎるというか、当たり前じゃないですか(笑)。いま、宇宙産業やロケット産業が節目を迎えようとしているのなら、当事者としてそこに立ち会えることに、やりがいと魅力を感じたというのが正直なところです」

眞鍋氏が参加した背景には、宇宙産業がより現実的になり、具体的なマーケットが確立されてきたことが大きい。たとえば彼がニュースで見たというスペースXは、国家の独占領域であったロケット事業を民間で初めて成功させただけにとどまらず、新たな事業として宇宙ブロードバンド計画であるスターリンク（Starlink）の実現に向けて、小型衛星を何回か打ち上げている。

スターリンクとは、宇宙に飛ばした1万2000基の小型衛星からインターネット通信を提供するサービスのことで、地球全体に通信を配給するというこれまでに類を見ないプロジェクトである。2020年末から2021年前半には日本でも衛星通信サービスを開始すると表明しており、日本法人を設立し、電気通信事業者として登録、衛星通信のユーザー端末の認可を取得することを発表している。しかも十分な衛星数が確保されれば、これまで高速インターネットにアクセスできなかった地域やクルーズ船、飛行機にまで、スムーズなビデオ通話とストリーミングを提供することができるようになるわけだ。

宇宙空間を利用したビジネスはすでに動き出しているのである。そしていま、宇宙開発は一歩でも先に成功した者が勝者となる競争の世界に突入しようとさえしている。

「米本と出会ってから実際にSPACE WALKERを設立するまで、1年くらい準備期間を設けました。チームメンバーを集めたり、ビジネスモデルを構築したりするのに費やしたのですが、世界的にみても米本がやろうとしている翼のある宇宙船には優位性があると、宇宙産業を分析していて確信できたことが、大きかったと思います」

ロケットを完全再使用する場合、スペースXのように離陸と同様に着陸でも逆噴射により垂直に降りてくる垂直離着陸の方法がある。しかしこの方法は逆噴射用の燃料を積む必要があるため、大型ロケットでは可能であるがスペースに余裕の無い小型ロケットではハードルが高いという。したがって、小型ロケットで完全再使用を目指すとなると、燃料が空っぽでもグライダーのように滑空して着陸できる有翼式のスペースプレーンが現実的なのである。

「良いモノを作ればビジネスとして成立するという考え方もありますが、大切なのは、マーケットを正しく分析し、ビジネスとして成立するのかを見極めることなのです。そして、見極めた先にあるビジネスモデルを目指してモノづくりを行い、技術的な課題をクリアしていくことです。ビジネスで成功するには、この両輪がないと難しいと思っています」

宇宙産業が成長の真っ只中にいることを、異業種から身を投じた眞鍋氏は肌で感じているという。しかも具体的なマーケットを投資家たちが理解し始めているため、宇宙産業に対する投資熱も活発になってきている。実際、イーロン・マスク氏やアマゾンのジェフ・ベゾス氏など、ＩＴ時代の申し子たちが宇宙産業にあれだけの資産を投じている姿を目の当たりにしたら、誰もがＩＴ時代の次は宇宙時代だと思うはずだ。もしかしたらジェフ・ベゾス氏にとってロケットは、ＩＴ時代のプラットフォームがアマゾン・ウェブ・サービス（ＡＷＳ）だったように、宇宙産業を牛耳るためのプラットフォームにすぎないのかもしれない。

ベンチャー企業にとって、宇宙は特別な領域ではない

ベンチャー企業としてスタートアップすることは、少なからず世の中になかった新しい領域に着目し、挑戦することである。これは宇宙だから特別ということではなく、IT産業でも同様で、課題に直面するたびに解決方法を見出しては、クリアを重ねていくしかない。

このようにトライ&エラーを繰り返しながら、一つひとつのマイルストーンを達成していくことが重要になるのだが、外からアドバイザリーとして見ていたときと、実際に自分がプレーヤーになるのとでは、大変さに別世界ほどの開きがあったという。しかもこれは技術面に限ったことではなく、スタートアップ時において重要視される資金調達の面でも同様だというのだ。

「資金調達としては想定の範囲内で進んではいますが、予想以上に苦労しています。ベンチャー企業に限らずどの企業でも同じだと思いますが、新たな資金を得るには、

力尽きる前に次のマイルストーンを達成することが求められるわけです。達成することで初めて新たな資金を得られ、次のマイルストーンに向かうためのチケットを入手できる。成功するまでは、とにかくこれの連続で、力尽きる前に一つひとつのマイルストーンを達成していくしかないのです」

SPACE WALKERが掲げるマイルストーンとしては、まずは2022年に打ち上げを予定している無重量実験、高層大気観測、地上観測などの科学実験を目的とした科学実験用サブオービタルスペースプレーンがある。垂直打ち上げ・水平着陸で、高度120キロメートルにペイロード100キログラムを打ち上げる。

次が、2024年に予定しているサブオービタルスペースプレーンによる小型衛星の打ち上げで、太陽同期軌道高度700キロメートルに質量100キログラムの衛星打ち上げを目指している。上空40キロメートルぐらいまで、サブオービタルスペースプレーンが小型衛星を積んだ使い捨てロケットを運び、そこから空中発射するという構想だ。年間100回の飛行を目指しており、ビジネスの柱として重要視している。

ちなみに太陽同期軌道とは、地球を回る衛星の軌道面全体が1年に1回転、すなわち衛星の軌道面と太陽方向が常に一定になる軌道のことで、SPACE WALKERでは小型人工衛星の潜在的ニーズとして一番多いと思われる太陽同期軌道高度500〜700キロメートルをターゲットに開発を進めている。

そして2027年には、パイロット2名、乗客6名を乗せたサブオービタルスペースプレーンによる高度120キロメートルの往復を目指す宇宙旅行をマイルストーンとして掲げている。日本では有人宇宙輸送は避けられてきた領域ではあるが、アメリカや中国など世界に目を向ければ有人機の開発は当たり前に進んでいるという事実がある。

立ち上げメンバーでもある米本氏が再使用ロケットの研究をしていたこともあり、SPACE WALKERでは宇宙空間を利用するには人の移動も避けては通れないと考え、『宇宙が、みんなのものになる。』をキャッチコピーに、民間有人有翼ロケットの打ち上げを目指しているのである。

現在、ホームページなどに掲載されているマイルストーンは以上であり、宇宙旅行がSPACE WALKERの最終目標のように思われがちだが、実際はただの通過点にすぎない。

実はその先として、国際宇宙ステーションや深宇宙への有人輸送、さらには2地点間の輸送手段としてサブオービタルスペースプレーンによる宇宙空間を経由した移動を視野に入れている。たとえば東京からニューヨークまで旅客機ではおよそ13時間かかっていた飛行時間を、サブオービタルスペースプレーンで宇宙空間を経由することで1時間以内に移動できるような未来を描いているのだ。

というのも、２０２７年のマイルストーンであるサブオービタルスペースプレーンによる宇宙旅行は、旅行というよりはジェットコースターという感覚に近く、ビジネス的にマーケットとしてはそれほど広がらない可能性もあると考えているからだ。

飛行時間としては1回15分程度。イメージとしては、離陸から3分ほどで高度１００キロメートルを超える『宇宙空間』に到達し、窓から青い地球を見ながら5分ほどの無重力を体験。その後、3〜4分で地球に帰還してしまう。このためスペースプレーンの特性を生かすのであれば、２地点間の輸送手段、いわゆるモビリティーの延長として活用する方が、ビジネス的なニーズは高いと考えているわけだ。

「日本は世界的に見ても、交通インフラに強い国だと思っています。実際、電車・新幹線・車・船などの開発技術は世界のトップを走っていますし、100億なんて金額は、モビリティー産業の交通インフラという側面から見たら小さな額で、リニアモーターカーには何兆円という投資をしているわけです。もちろんITと比べたら100億、1000億はベンチャー企業だと高額な印象があるかもしれませんが、交通インフラと考えれば、日本として投資できない金額ではないと考えています」

官民連携で法的整備などの課題に取り組む

2019年、日本でもサブオービタル飛行に関する官民協議会が発足し、サブオービタル飛行に関するルール作りに向けて歩みを進めることになった。いまだ整備されていない実証実験を含めたサブオービタル機の往還飛行に関する必要なルールづくりに向けて、政府が動き始めた形だ。これにはSPACE WALKERやPDエアロスペースなどといったサブオービタル弾道飛行による宇宙旅行などの事業展開を目指す宇宙ベンチャー企業が登場してきた背景が大きい。

「民泊がそうであったように、次々と新しいビジネスが生まれてくる現代において、後から法律ができるというパターンは多々あると思っています。このような場合、『法律がないのだから勝手にやっていい』という考え方と、『法律がないことはやってはいけない』という両極の考え方があるわけです。民泊は始めたはいいが、後から法律による規制ができてしまい混乱を招いた部分があったかもしれません。そうならないためにも、サブオービタル飛行がスタートする前に、官民が協力してルールづくりに取り組むことが大切だと考えています」

SPACE WALKERでは、設立1年目から積極的に法整備に向けて取り組んでいる。法整備には時間がかかり、ルールづくりが遅れることで足を引っ張られることがないようにしたいという思いがあるからだ。

また、これ以上世界から遅れをとると、ＩＴ産業の二の舞いになりかねないという危機感もある。ＩＴの黎明期には、いまの宇宙産業のように日本にもいろいろなベンチャー企業がスタートアップしていた。しかしあれから30年、プラットフォームは海外に牛耳られ、結果だけ見れば海外の圧勝が続いている状況だ。宇宙産業がＩＴ産業と同じ結果に陥らないためには、ここ数年が踏ん張りどころであり、SPACE WALKERのような日本の民間宇宙ベンチャーが世界で勝つことが必須なのである。

「宇宙は特殊な領域とは考えないほうがいい。地上にある産業は、活動領域を広げさえすれば、海だろうが、空だろうが、宇宙だろうが、どこでも成立するはずなんです。言い方を変えれば、地上で成立している産業は、そのほとんどが宇宙でも活動できるということなのです。その昔、大航海時代やゴールドラッシュのときには船がありました。船があったからこそ産業が発展したのです。いまのところ宇宙産業には輸送手段が少ないことがボトルネックになっていますが、再使用ロケットが当たり前に往き来するようになれば、宇宙が当たり前になる時代が訪れると思っています。本当にここ数年が勝負で、一瞬でガラリと変わるはずです」

「〝宇宙＝夢〟〝遠い未来の話〟と考えない方がいい」と、眞鍋氏は警鐘を鳴らす。自分の仕事は宇宙とは全然関係のない産業だからと思っている人も多いと思うが、そういう時代は終わろうとしている。ＧＰＳによる位置情報サービスなど宇宙はすでに生活と密接に関わってきており、将来的にはいまよりも身近な存在になっていくはずである。

いま自分が身を置いている産業や会社が、宇宙で何をやろうとしているのか、あるいはやっているのかということを正しく理解していないと、世界の流れから取り残される時代が、すぐ目の前にきているのだ。

月は、火星などより遠くの宇宙に進出するための中継点としても注目されている。

そのためには水の発見が重要であり、水を推進剤として活用するプラントや探査拠点の構築など、有人の能力を生かした広域かつ本格的な科学探査が、2029年度以降に計画されている。

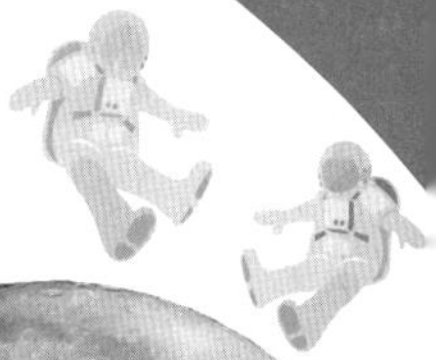

2020年は火星探査機打ち上げラッシュ

地球以外の惑星に行く場合、軌道的にベストなタイミングがあるため打ち上げが集中する。

たとえば火星に到達可能な軌道の周期は約2年ごとで、2020年は４機の火星探査機が地球から出発する予定であった。

最初が2020年７月20日に日本の種子島宇宙センターから打ち上げられた、アラブ首長国連邦（UAE）初となる火星探査機「HOPE」である。

７月23日には航天科技集団公司（CASC）開発による火星着陸探査機「天問一号」が打ち上げに成功。これは中国初となる火星ミッションで、火星への軌道投入とローバーによる火星表面探査を計画しており、火星の生命の存在につながる物質を探査する。

最後が７月30日に打ち上げられたNASAの火星探査機「パーシビアランス」で、南部フロリダ州の発射場から火星に飛び立った。火星の赤道に近いクレーター内に着陸し、火星表面の土壌から生命の痕跡を調査する。この探査車の開発にはNASAの日本人技術者が参加しており、仲間たちと 打ち上げを見守っていた。

実は、欧州宇宙機関（ESA）とロシアのロスコスモスとの共同による火星探査計画「EXO MARS」の打ち上げも2020年に予定されていたが、2022年に延期となった。

史上初となる「火星サンプルリターン」を目指す

世界は史上初となる火星の物質を地球に持ち帰る「サンプルリターン」の競争に突入しようとしている。宇宙航空研究開発機構（JAXA）は、火星の衛星フォボスに着陸する探査計画「MMX」を発表している。2024年9月の打ち上げ、2029年の地球帰還を目指す。

宇宙探査機の未来

1950年代以降、冷戦下にあったアメリカと旧ソ連は、国の威信をかけ宇宙開発で激しい競争を繰り広げていた。しかし冷戦が終結すると、世界は一転して協調路線を歩み始め、膨大な予算を必要とする月の探査は下火になってしまう。

近年になると、観測結果から月の極域には一定量の水が存在すると考えられるようになり、各国は競って、この水資源の利用可能性調査を目指した月極域探査を計画するようになる。日本でも、世界に遅れることなく、月極域における水の存在量や資源としての利用可能性の確認を主な目的とした月極域探査を目指している。2023年度に予定しているインドとの共同による月極域探査機の打ち上げである。

2021年度　小型月着陸実証機 SLIM

将来の月惑星探査への貢献を目指した宇宙航空研究開発機構（JAXA）のプロジェクト。無人着陸機SLIMでピンポイントの月面着陸を目指す。

2022年度～　月軌道の周回基地ゲートウェイ

アメリカ航空宇宙局（NASA）の計画で、2022年に動力部分などを打ち上げ、2024年までに居住部分など必要最低限の施設の完成を目指す。

2023年度　日本とインドの共同による月極域探査

水氷資源利用可能性や月面拠点に関する調査、持続的な探査に向けた調査の実施を目指す。

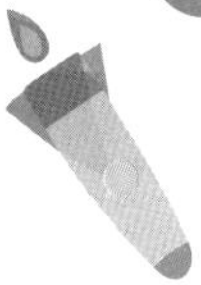

2024年度　NASAの「アルテミス計画」による有人探査

有人宇宙船オリオンで、アメリカの宇宙飛行士が月の南極への着陸を目指す。

2026年度　月広域・回収調査

南極や裏側の探査とリターンサンプルの分析により、広範囲かつ詳細な水（水素）利用の可能性を探る。

株式会社スペースシフト

代表取締役 CEO　金本《かねもと》 成生《なるお》

地球観測衛星から得られたデータをAIを用いて解析するためのソフトウェアを開発。衛星データの処理を自動化し、人間を超えるAIの認識能力を活用することで、より効率的な社会の実現に寄与する取り組みを行っている。

ビジネスの世界で脚光を浴びる衛星データ

宇宙ビジネスというと人工衛星を宇宙まで運ぶロケットを思い浮かべる人がほとんどではないだろうか。近年ロケットが注目されている背景には、人工衛星の需要が急激に増加していることが挙げられる。２０１５年までに国内で開発され、宇宙に飛んだ人工衛星の数は約１５０機。世界では約３５００機と言われているが、現在では世界中で60社以上が衛星の打ち上げを計画し、その総計は1万機を越えている。しかも最近は、目的のシステムを構築するために人工衛星を多数配置する〝衛星コンステレーション〟が広まってきており、その数は増え続ける一方である。

なぜこれほどまでに人工衛星の打ち上げが増えているのか。理由のひとつとして人工衛星から得られる『衛星データ』が、これからのビジネスには欠かせないアイテムとして脚光を浴びていることが挙げられる。しかも衛星データやそれを分析・解析するためのアプリケーションが、iTunes で音楽を買うような感覚で、簡単に売買できるプラットフォームも運用され始めているのだ。

その証拠に、日本でも経済産業省が主体となり、『平成30年度政府衛星データのオープン&フリー化およびデータ利用環境整備事業の一環として、2019年2月から衛星データプラットフォーム『Tellus《テルース》』の運用が開始された。

Tellusとは、衛星データおよびその分析・アプリケーションなどの開発環境を無料で提供するためのプラットフォームのことで、政府が提供する衛星データに加え、民間が提供する地上・宇宙のデータも多数保持されている。しかもこれらのデータをオープン&フリーで利用することができるのだ。

まさに宝の山が無料で手に入る時代になったと言えよう。それに伴いアメリカなどでも衛星データをビジネスに活用することを目的とした企業が続々と立ち上がっている。日本からもいくつかの企業が参入しており、その中のひとつに金本成生氏が代表取締役CEOを務める株式会社スペースシフトがある。スペースシフトは、AIを用いて衛星データをビジネス向けに解析するためのソフトウェアの開発を行っているベンチャー企業だ。

衛星データがビジネスチャンスを拡げる

ではなぜ、ビッグデータのひとつである衛星データが、ビジネスの世界で革命を起こしつつあるのか。

衛星データと聞いて、誰もが最初に思い浮かべるデータは、GPS機能やGoogleマップの画像ではないだろうか。GPS機能が車のカーナビなどに利用されていることは一般的に知られているが、いまでは道案内アプリなどスマートフォンには欠かせない機能になっており、ゴルフ場ではカップまでの距離を計測してくれるなど、スポーツの分野にまで利用されはじめている。

このように広範囲で活用されている衛星データだが、実はポジショニングデータと地球観測データ（EOデータ）の2つの種類に分けることができる。GPS機能に使われているデータがポジショニングデータで、近年Googleマップなどの位置情報サービスの精度が改善されているのは、日本版GPSである『みちびき』が打ち上げられたおかげだ。ちなみに『ＧＰＳ』はアメリカがポジショニングデータ用に打ち上げた人工衛星の名前で、日本で打ち上げた日本版ＧＰＳの名前が『みちびき』となる。みちびきは日本の真上を飛んでいるため、建物の影響を受けにくく、従来の衛星と比べて高精度の位置情報を提供できるのだ。

一方、地球観測データは、Googleマップの画像データなど多種多様な分野で活用されている。たとえば、農作物の作付けの特定や、作付け状況、生育状況なども把握することができる。実際、スペースシフトでは衛星画像を解析することでキャベツの価格予想を行っている。

回鍋肉《ホイコーロウ》用の調味料は、キャベツの価格が下がるタイミングでテレビＣＭを放送すると売り上げが伸びることが知られているが、放送枠は２ヶ月前から確保しなければならないため、キャベツの価格予想はビジネスとして需要があるのだ。

この他にも、大型ショッピングモールの駐車場に停車している車を数えることでその会社の売り上げや業績を予測したり、人の動きや車の動きを把握することで人間活動の予測や最適化ができたりと、地球観測データが今後のビジネスのキーになることは間違いない。

このように衛星データがビジネスの世界で活用されるようになった背景には、近年超小型衛星を複数機活用することで、地球全体を24時間カバーできるようになったことが大きい。従来は軍事や防衛、災害対策などの目的に限られていた地球観測データの利用が、いまでは農業モニタリングやマーケティング、エンターテインメントなど、民間レベルにまでめざましいスピードで拡大しているのだ。しかも驚くべきことに、金の卵にも成り得る衛星データが、簡単かつ一部は無料で入手できる時代になってきている。

このような背景もあり、金本氏は２０１５年頃からスペースシフトを現在の『ＡＩ×宇宙で世界をひもとく』をテーマにした、地球観測衛星から得られたデータをＡＩを用いて解析するソフトウェアの開発企業へとシフトさせた。

「衛星データを活用したビジネスは、世界的な流れであり、誰かが始めることは明白でした。他の誰かが実現させてしまうのなら、自分がその役を担いたいと思ったのです。誰かが成功した後に、『実は自分も考えていたんだよね』って話しても言い訳みたいで悔しいじゃないですか(笑)。そんな思いから参入することを決めたのですが、弊社は光学衛星ではなくレーダー衛星に特化したデータ解析用ソフトウェアの開発を目指しました。これは単純に、光学衛星よりもレーダー衛星からのデータ解析の方が難しいからです。ハードルが高いほど新規参入が困難になるため、競争相手は少なくなります。結果、後から得られるメリットが大きいと考えたのです」

地球観測衛星は、光学衛星とレーダー衛星の2種類に分類することができる。光学衛星からの衛星データは、一般的なフルカラーの写真データで、ビデオ撮影も可能である。しかも高解像度で衛星の数も多いという利点がある。しかし一方で、カメラと同じで雲に隠れた部分は写すことができない。また、夜間は都市の明かりしか見えないという欠点もある。

しかしレーダー衛星は、雲に隠れていようが、夜だろうが、365日24時間データを取得することができる。ただ一般的なカメラと違い人間が見ただけではわかりにくく、データ解析が難しいという欠点がある。

群馬県の嬬恋村は、キャベツの栽培地として有名だが、夏の時期は霧の多い場所でもある。そのような環境下でもレーダー衛星は、キャベツ畑を24時間毎日監視することができるのだ。

この他にもスペースシフトでは、地表面の変動を人工衛星から計測する技術を確立することで、垂直方向で1ミリという微小な地表面変動の計測を可能にした。この技術は、地下鉄トンネル工事の掘削作業や液状化による地盤沈下をモニタリングしたり、タワーマンションの傾斜を調べたりするのに役立っている。

「海外では石油やガスの採掘現場で使われています。一般的には知られていませんが、石油を掘ったらその分地盤は沈下します。そのため掘った分だけ後から水を入れて、地盤の高さを戻すという作業をしているのですが、実はこれが非常に難しく、入れる量が多すぎると逆に隆起してしまいますし、入れる地層が違うと戻らなかったりもします。そこで、衛星を使って100キロ四方をミリ単位でモニタリングしてコントロールしてあげるのです。もちろんこの技術は日本でもトンネル工事や鉱物の採掘現場で応用できると思っています」

このようにビジネスの世界では多方面で活用が広がっている衛星データだが、民間宇宙ベンチャーの中では、いまだにデータ処理に関わる企業の数は少なく、最新技術の応用も進んでいないのが実情だ。そこに着目し、しかも処理技術の革新がほとんど行われていなかったレーダー衛星のデータ処理のコア技術に特化して開発を進めるスペースシフト。そこで代表取締役CEOを務める金本氏とは、どのような経歴を持った人物なのだろうか。その原点を探ってみることにしよう。

ベンチャー精神旺盛な行動派

金本氏は、子どもの頃から行動的で、中学1年生のときには大人たちに混じり公民館で天体写真展を開催して新聞に載ったことがある。また、淀江町が環境庁の『星空の街』に立候補した際には、中学校の全校朝会で観測に協力してくれる仲間を集めたこともあった。その甲斐もあり淀江町は『星空の街』に選出されたという。

このように金本氏は、何をすればゴールに辿り着くことができるのかを常に考えている開拓者精神が旺盛な子どもだったといえよう。天文学に興味があったこともあり、中学3年生の時には本格的な天文台作りにも協力している。完成後、実際にその望遠鏡で新彗星を発見した人がいたというから驚きだ。

その後、コンピュータに夢中になり、天文学の道ではなく情報工学系の大学に進むことになる。そこで、友人が立ち上げたWeb制作会社に参加し、大学の授業で習ったHTMLやプログラミングの技術でサーバを立ち上げたり、ホームページを制作したりしていた。

金本氏が大学1年生だった1994年といえば、インターネットが本格的に日本に導入され、Yahoo!が立ち上がったばかりの頃である。そのため会社を始めた当初は、ホームページを5ページ作るだけで250万円も稼げたというから今では夢のような話だ。その後、すぐに競争は激化し、半年ほどで1ページ5万円くらいにまで下がってしまったというから、ブルー・オーシャンがいかに長続きしないのかがわかる。

「大学に行かずに、仕事ばかりしていたのを覚えています（笑）。それでも就職活動をして大手企業から内定をもらったのですが、希望した部署ではなかったため、そのまま起業した会社に残ることにしました。ただ卒業した年が、アメリカがドットコム・バブルに沸いていた1999年だったこともあり、ロサンゼルスにいた友だちの部屋に転がり込んで、結局はロサンゼルスの会社に就職することに決めました」

ドットコム・バブル（dot-com bubble）とは、インターネット・バブル（Internet Bubble）とも呼ばれ、1990年代前期から2000年代初期にかけてアメリカを中心に起こった、インターネット関連企業の上場ラッシュや株式投資に沸いたITバブルのことだ。

ロサンゼルスで金本氏が就職したのはミュージシャンの『喜多郎』のマネジメント会社で、インターネットを使った音楽配信やコンテンツ配信事業を立ち上げるために採用されたのだが、その会社が東京に支社を設立したため、半年後には日本に帰国することになってしまったという。

「東京ではIT事業の立ち上げを担当していたのですが、2003年に会社をたたむことになり、それからはフリーランスで着メロなどの携帯コンテンツの制作をしていました。とは言っても、その頃は自分で作るのではなく、企画だけして、制作は外部のエンジニアに委託していました」

この頃の金本氏は、日本のアニメを海外で配信したり、ワールドカップのような海外のサッカー映像を携帯から視聴できるようにしたりするなど、権利を売買するような仕事も請け負っていた。そのため、必然的に海外に行く機会が増え、この時期にビジネス英語をマスターしたという。また、事業の立ち上げや企業の買収といったコンサルティング的な業務も行うようになっていた。

「コンテンツが携帯から宇宙に変わったとしても、英語で契約書を書かなければならないことは同じなわけです。また、外部委託技術者に業務を依頼するにしても、工数を算出するにしても、携帯コンテンツを制作していたフリーランス時代にやっていた経験がすごく役立っていて、携帯でも宇宙でも、仕事ってやることは同じなんだと実感しています。将来、いまの自分とは違う仕事をしていたとしても、蓄積してきた技術や知識は絶対に無駄にはならないと、いまなら本気で思います」

そんな金本氏がスペースシフトを立ち上げたきっかけは、「コンサルティングのように人のためだけに働くのではなく、自分の手で何か残るものを作りたい。人がやっていないものを作りたい」という想いが募ってきたことと、シリコンバレーの風雲児でありPayPalの創業者でもあるイーロン・マスク氏がロケットの打ち上げに挑戦する姿を見て、刺激を受けたからだという。社名の『スペースシフト』には、将来的には自分も宇宙の仕事にシフトしたいという思いが込められているそうだ。

すべてのビジネスは宇宙に続く

スペースシフトは、コンサルティングやＩＴ・Ｗｅｂ関連の仕事と並行しながら、いままで築いてきた人脈を活用できる『宇宙×エンタメ』を手始めに宇宙ビジネスに参入することを決める。漫画家の松本零士先生とのトークセッションなど、宇宙に特化したイベントを開催する企画事業などだ。

その後も宇宙博のタイミングでＪＡＸＡのムック本をコンビニに流通させて販売したり、打ち上げ後に回収されたＨⅡ‐Ｂロケットのフェアリングを無料で引き取り、プラスチックのカプセルに詰めて『ウチュウガチャ』として１個５００円で販売したりもしていた。

フェアリングとはロケットの最先端部で、この中に衛星などを搭載し、打ち上げの際の振動や飛行中の摩擦熱から守る役割をしている。そのためロケット打ち上げ後、充分な高度に到達すると２つに分離し、太平洋上の安全な区域に落下してその役目を終える。しかも海上に落下したフェアリングは、漁船の網などに絡まるなどの事故を防ぐために、フェアリングから発せられる信号をもとに、あらかじめ待機している回収船で素早く回収されているのだ。

大型ロケットだと15mもあるパーツで、これを小さく切断して『ウチュウガチャ』として売ったわけだが、なんと累計で3万個も売れているとのこと。

その他にも、打ち上げられた小型衛星の内部にデジタルサイネージ（液晶画面を使った看板）を積んでメッセージや広告を表示させ、その様子を衛星の内部から撮影することで、地球や宇宙をバックに企業や商品のプロモーションを行う世界初のサービスに挑戦したりもした。

また、人工衛星開発キット『ARTSAT KIT』を東大と開発し、クラウドファンディングで資金調達をして発売したりもした。このように起業した当初は、宇宙関連のことなら、ありとあらゆることに挑戦していたそうだ。

「必ず最後までやって、続けるか続けないかジャッジしていましたが、結局は自分の原点でもあるソフトウェアに回帰した感じです。実際、衛星データを取り扱っていて思うことは、まだまだハードが主体の世界だということです。要するに、ハードである人工衛星が先に作られて、宇宙に打ち上げたからどうぞ使ってくださいっていう感じなわけです。本来は、『衛星データを○○に使いたい』というニーズが先にあって、それを満たすためにはどれくらいの衛星が必要で、どういうセンサーを搭載したほうがいいのか、そして、それがいくらだったら経済合理性があるのかという流れが順当であり、将来的にはこの理想の流れにしたいと思っています」

人間ができないことをAIが担う時代へ

当たり前だが、人工衛星を打ち上げても、それを活用するにはアプリやソフトウェアが必要になる。人工衛星を作っている会社は、現状はハード面の設計だけで手一杯で、そこまで手が回っていないのが実状だ。そのため、将来的に必要になるであろう技術をスペースシフトが先行して作っているというわけだ。

金本氏は、優秀な人材とコンピュータを確保するために、10年目にして初めて本格的な資金調達を行った。本格的に宇宙ビジネスで勝ち残るための土俵に上がったともいえる。これは、いま取り組んでいる開発が未来永劫残っていく必要不可欠な技術であり、将来性が見込めると判断したからである。しかも「そんなことできるの？」と言われるような、いまこの世に存在しない希少価値の高い技術に挑戦しているという自負がスペースシフトにあるからでもある。

「簡単に言うと、人間にできない計算をＡＩにやらせようとしています。わかりやすく顔認証ソフトで例えると、顔認証でもＡＩは使われていて、すでに人間を超えてはいるのですが、これは人間にもできる仕事をコンピュータにやらせているだけじゃないですか。私たちは、人間の代わりではなく、人間ができないこと、人間が認識できないことに対し、ＡＩを使って認識させるための技術を開発しているのです」

レーダー衛星からの信号は数字の羅列であるため、従来は人間が見やすい形に変換する必要があった。数字の羅列では人間が判断できないからである。しかし金本氏は、レーダー衛星の信号を変換しないままＡＩに認識させ、ＡＩが判断した結果のみを人間に伝えるというソフトを開発しようとしている。まさに衛星データの改革である。

実際、触媒の分野ではＡＩの活用は進んでおり、Googleは地球上に存在するありとあらゆる化学物質分子の組み合わせをＡＩに試行させることで、人間が認識していない新しい組み合わせを数多く発見することに成功している。

ＡＩに人間の仕事を奪われるのではなく、人間が成し得なかったことをＡＩが成し遂げることで、人間とＡＩの共存が成立するというのが金本氏の考え方なのだ。

宇宙葬で月に遺灰を運ぶ時代に突入

金本氏は、２０１３年にアメリカで設立された、宇宙葬をサービスとするエリジウムスペースの取締役でもある。スペースシフトが衛星の部品を販売しているときの商談相手がエリジウムスペースの創業者トマ・シヴェェ氏であった。もともと、宇宙葬を事業として構想していた金本氏は、エリジウムスペースに出資する形で６年前から協働するようになったという。

現在、エリジウムスペースが提供する宇宙葬は、30万円の流れ星供養と120万円の月面供養の2種類だ。流れ星供養は、遺灰を入れた1センチ四方の小型カプセルを、10センチ四方の人工衛星に最大480個搭載して打ち上げるサービスである。単純に宇宙に遺灰をばら撒くのではなく、2〜3年地球を周回した後、大気圏に突入させ、最後は流れ星となって燃え尽きる。

「2018年の12月に1回目の打ち上げが成功しています。このときはスペースXのロケットを使用したのですが、一緒に松本零士先生の爪も乗せました。流れ星供養では、ご遺族は打ち上げ時のライブ映像を視聴することができますし、打ち上げ後もスマホのアプリで衛星がどこを飛行しているのか地図上で確認することができます」

月面供養は、2021年に打ち上げが予定されているアストロボティック社の探査機を利用して実施される。すでに10組くらいの申し込みがあるという。

月の環境汚染の問題もあるため、ばら撒いたり埋めたりはできないが、そのまま永遠に月にとどまることになる。宇宙葬の他にも、故郷の鳥取県に宇宙港を誘致したいなど、金本氏の宇宙に対する夢は姿を変え、どこまでも果てしなく膨らんでいく。

「衛星データは、地球のために活用してほしいのです。僕は常々、必要以上の経済活動や資源開発は不要だと提唱しています。産業の無駄をなくすことは、資源の無駄をなくすことにつながり、結果的に地球を守ることにつながると思っているからです。企業側にしても、無駄をなくすことは利益率の向上に直結するわけで、そのために衛星データは有効に活用されるべきなのです。これからの時代は、衛星データを人類の活動にどのようにインストールをしていくのかが課題になると思っています」

衛星データは無限の可能性を秘めてはいるが、ビジネスとしての利用を増やすには、データを活用するための有効的な処理が重要になる。カーナビが車の運転を根本的に変えたように、衛星データの新しい活用方法やアプリケーションが生まれることは、想像に難くない未来なのである。

- 讀賣新聞　2020年2月9日　サイエンスReport　日本の人工衛星50年　上
- 讀賣新聞　2019年11月3日　サイエンスReport　「人類 再び月へ」日本が協力
- 讀賣新聞　2019年5月12日　研究加速　未来予想図
- 讀賣新聞　2019年5月6日　見る　小さな一歩 半世紀
- 讀賣新聞　2019年5月12日　研究加速　未来予想図
- トランジスタ技術　2019年1月号（CQ出版社）
- 集合、成田。行き先、宇宙。／浅川恵司（株式会社双葉社）
- これまでの"常識"が変わる、「衛星データ」はビジネスに革命を起こすのか？（https://sorabatake.jp/4730/）
- 衛星データプラットフォーム「Tellus（テルース）」の運用が開始：経済産業省「平成30年度政府衛星データのオープン＆フリー化及びデータ利用環境整備事業」（https://current.ndl.go.jp/node/37636）
- ゼロから宇宙事業をスタート。エリジウムスペース社・金本成生氏の挑戦（https://finders.me/articles.php?id=125）
- フェアリングのひみつ（http://www.rocket.jaxa.jp/basic/knowledge/fairing.html）
- HIMES飛翔体構想 - J-Stage（https://www.jstage.jst.go.jp/article/jjsass1969/39/454/39_454_565/_pdf）
- 有翼飛翔体計画：HIMES（https://www.jstage.jst.go.jp/article/sicejl1962/26/6/26_6_499/_article/-char/ja/）
- スペースX、スターリンク通信網を年内に日本でサービス提供へ 3回目の衛星打ち上げ成功（https://news.yahoo.co.jp/byline/akiyamaayano/20200107-00157996/）
- SpaceXが描く「宇宙インターネット構想」Starlinkの全貌とは（https://thebridge.jp/2019/06/spacex-raises-over-1-billion-through-two-funding-rounds-pickupnews）
- 異色人材のすごい宇宙ベンチャー「スペースウォーカー」の野望 —— 2027年に有人宇宙飛行めざす（https://www.businessinsider.jp/post-172403）
- 宇宙ベンチャー SPACE WALKERが発足 - 有翼機による宇宙旅行を2027年に実現（https://news.mynavi.jp/article/20180803-673288/）
- 飛行機に乗るように「宇宙」に行ける？スペースプレーンが実現する15分間の宇宙旅行（https://emira-t.jp/special/11484/）
- 日本のサブオービタル機開発ベンチャーたちの今（http://www.jwing.net/news/14568）
- サブオービタル飛行のルール作りで官民協議会発足（http://www.jwing.net/news/14451）
- 流星が光るワケ（https://www.rethan.net/2014/12/08/流星が光るワケ/）
- 第９回　宇宙から帰ってくるとき燃えるのはなぜ（http://kinonoki.com/book/story-of-the-universe/第９回%E3%80%80宇宙から帰ってくるとき燃えるのはなぜ.html）
- 科学とビジネスをつなげる人工流れ星プロジェクト（https://rikeinavi.com/guide/careerguide_topint_16s/）
- 株式会社ＡＬＥ代表・岡島礼奈さん「人工流れ星を、有人宇宙船並みの安全性で届けます」（https://www.cemedine.co.jp/cemedine_reports/ale.html）
- 株式会社ALE代表取締役　岡島礼奈　流れ星を操る（https://sangakukan.jst.go.jp/journal/journal_contents/2017/04/articles/1704-08/1704-08_article.html）
- 「人工流れ星」衛星打ち上げ成功！鳥取産のお米が流れ星に!?（http://www.mitsubishielectric.co.jp/me/dspace/column/c1912_1.html）
- 山陰・この人　「星取県」ＰＲ生みの親　井田広之さん（４１）　全国一、生かして発信／鳥取（https://mainichi.jp/articles/20180408/ddl/k31/040/267000c）
- JAXAとは何の略称ですか？（https://fanfun.jaxa.jp/faq/detail/209.html）
- BWSCストーリーズ（https://www.bridgestone.co.jp/bwsc/stories/article/2019/06/17-5.html）
- ホリエモンとの出会いが人生を変えた――インターステラ稲川社長が語る「宇宙ビジネスの未来」（https://www.itmedia.co.jp/business/articles/1907/08/news105.html）
- 無重力の日（https://eee.world-p.co.jp/whatsday_0616_b/）
- 『au×HAKUTO MOON CHALLENGE』新CM「僕らはみんな宇宙兄弟だ。」篇（https://kyodonewsprwire.jp/release/201608293676）
- 日本チームも受賞、グーグル月面無人探査機コンテスト授賞式（https://wired.jp/2015/02/07/google-lunar-xprize/）
- 宇宙とスタートアップをつなぐ。ispace社長・袴田氏の起業論（https://media.startup-db.com/interview/ispace）
- 【TOHOKU University Researcher in Focus】Vol.007 ロボット研究で宇宙へ―少年時代の夢を実現―（https://www.tohoku.ac.jp/japanese/2020/01/infocus-007.html）
- 月を生活圏に。民間企業ispaceが主導する、"全産業参加型"の月面開発プロジェクト（https://dentsu-ho.com/articles/6965）
- ただの着陸ではない —— 中国の「月の裏側」探査が世界を震撼させたワケ（https://www.businessinsider.jp/post-182719）
- ispaceのチームがNASA CLPSプログラムに採択、民間月面探査が本格化へ（https://news.mynavi.jp/article/20181206-736769/）
- スティーブン・ホーキング博士、宇宙へ　ヴァージン・ギャランティック社がオファー（https://sorae.info/030201/2017_03_22_ho.html）

- 2020年サービス開始!?「宇宙旅行ビジネス」の現状とその費用、企業紹介 (https://sorabatake.jp/12241/)
- バート・ルータン～「2015年宇宙の旅」は夢じゃない～ (https://www.jaxa.jp/article/interview/vol16/index_j.html)
- 20年間で欧米の給料は平均で2倍に 日本のみが2000年の賃金水準を下回る (https://news.livedoor.com/article/detail/15671580/)
- 【堀江貴文】イーロン・マスクの知られざる素顔、アベマ会員急増を解説 (https://www.youtube.com/watch?v=pkp3qh_MWUo)
- 「宇宙関連事業」に投資する大富豪10人　ゲイツ氏、ザッカーバーグ氏ほか (https://moneytimes.jp/investment/detail/id=713)
- P＆Gも実践する「Connecting The Dots」イノベーションを起こすための"新しい"つながり方【米田恵美子】(https://agenda-note.com/brands/detail/id=827)
- 第2回　きっかけは"有人宇宙船" (https://natgeo.nikkeibp.co.jp/nng/article/20130417/347873/?P=1)
- スペースXが有人宇宙船の打ち上げに成功！何がすごいのか説明します (https://www.youtube.com/watch?v=xei-Oj1Kez0)
- SpaceXを徹底解剖！ 事業概要、ビジネスモデル、歴史、組織、今後の展望まとめ (https://note.com/soranome/n/n8de3d0570984)
- 堀江貴文氏ロケット失敗「大成功で終わりたかった」(https://www.nikkansports.com/general/nikkan/news/202006140000170.html)
- 激変の時代に対応を迫られる日本の有人宇宙開発 (https://www.nippon.com/ja/currents/d00318/)
- JAXAとホリエモン、共創するロケットビジネス。(https://dentsu-ho.com/articles/6972)
- SpaceXが民間企業で人類史上初の有人宇宙飛行に成功、歴史にその名を刻む (https://jp.techcrunch.com/2020/05/31/2020-05-30-spacex-makes-history-with-successful-first-human-space-launch/)
- スペースXの新型宇宙船、飛行中のロケットから脱出する試験に成功 (https://news.yahoo.co.jp/articles/6317055b32f202bc9104b077931fdd7348006a82)
- SpaceXを徹底解剖！ 事業概要、ビジネスモデル、歴史、組織、今後の展望まとめ (https://note.com/soranome/n/n8de3d0570984)
- 堀江貴文氏語る「日本が世界に勝てるのは宇宙とロボティクス、今が大チャンス」(https://jp.techcrunch.com/2019/07/12/space-development-overview/)
- 堀江貴文「僕がロケット開発に熱中する理由」ロケットが今後の日本経済を牽引する (https://www.msn.com/ja-jp/money/news/堀江貴文「僕がロケット開発に熱中する理由」-ロケットが今後の日本経済を牽引する/ar-BB12Dsgz)
- 日本初のロケットは全長23cm?! 海底に落ちたエンジンを拾い集めて分析?! 航空宇宙博物館で開発ヒストリーを聞いてきた (https://intojapanwaraku.com/culture/84686/)
- 月面着陸から50年、1号～17号までアポロミッションを振り返る (https://www.businessinsider.jp/post-194383)
- アポロ8号 (http://spaceinfo.jaxa.jp/ja/apollo_8.html)
- アポロ11号 (http://spaceinfo.jaxa.jp/ja/apollo_11.html)
- アポロ12号 (http://spaceinfo.jaxa.jp/ja/apollo_12.html)
- アポロ13号 (http://spaceinfo.jaxa.jp/ja/apollo_13.html)
- 人類初の『月面スポーツ』はゴルフだった！ (http://www.arimacc.jp/report/post-5349)
- 嫦娥3号、37年ぶりの月面軟着陸成功 (https://www.astroarts.co.jp/news/2013/12/16chang_e3/index-j.shtml)
- ひてん (http://spaceinfo.jaxa.jp/ja/hiten.html)
- 第22回宇宙科学・探査小委員会 (https://www8.cao.go.jp/space/comittee/27-kagaku/kagaku-dai22/siryou3-2.pdf)
- 計画の紹介検討状況説明 (http://stage.tksc.jaxa.jp/compe/jouhou/FY2019-0010.pdf)
- NASA火星探査機の新たな打ち上げ日発表、翌日には中国が連続打ち上げか (https://news.yahoo.co.jp/byline/akiyamaayano/20200625-00185041/)
- 火星探査計画「エクソマーズ」が打ち上げ延期へ (https://sorabatake.jp/11394/)
- 火星衛星探査機、24年打ち上げ　JAXAが計画発表 (https://www.nikkei.com/article/DGXMZO55943960R20C20A2CR8000/)
- 科学衛星「しんせい」(http://www.isas.jaxa.jp/missions/spacecraft/past/shinsei.html)
- X線天文衛星「はくちょう」(http://www.isas.jaxa.jp/missions/spacecraft/past/hakucho.html)
- ハレー彗星探査試験機「さきがけ」(http://www.isas.jaxa.jp/missions/spacecraft/past/sakigake.html)
- 小惑星探査機「はやぶさ」(http://www.isas.jaxa.jp/missions/spacecraft/past/hayabusa.html)
- はやぶさ2 (https://jpn.nec.com/ad/cosmos/hayabusa2/index.html)
- 世界初！小惑星地下物質採取のための着陸に成功 はやぶさ2、貴重な試料回収の快挙も達成か (https://scienceportal.jst.go.jp/news/newsflash_review/newsflash/2019/07/20190711_01.html)
- 深刻化するスペースデブリ　人類は宇宙までゴミだらけにしてしまった (https://www.takigen.report/serialization/arekore-watch/post_1003/)
- 用済みになった人工衛星はどうやって宇宙空間から廃棄されるのか？ (https://gigazine.net/news/20200317-when-satelites-die/)

堀江貴文と

宇宙に挑む

民間ベンチャー企業の

勇敢な社長たち

2020年9月26日　第1刷発行

著者　すわべ しんいち
フォトグラファー　すわべ しんいち

編集人　江川 淳子、諏訪部 伸一、野呂 志帆
発行人　諏訪部 貴伸
発行所　repicbook（リピックブック）株式会社
〒353-0004　埼玉県志木市本町5-11-8
TEL　048-476-1877
FAX　03-6740-6022
https://repicbook.com
印刷・製本　株式会社シナノパブリッシングプレス

　ISBN978-4-908154-26-3